塔湖·書
TOWER LAKE BOOK

主　编　张宇光　朱晋平

奇才集

奇才 阮籍

张宇光 朱晋平 主编
刘芸 著

山西出版传媒集团 山西教育出版社

总　序

四年前的深秋，出版人孙铁女士约我去北京，参与一套史书的策划。有两天时间，大家聚在东四八条的一座四合院里商议，吃过晚饭便沿着胡同走走。临行前，又遇到了山西教育出版社的雷社长，孙女士拿来纸笔，要我给教育社再策划一套选题，我就写了“奇才集”三个字，又开列了一串古人的名录。没想到二位老师一看便认为可行，史书的事后来暂缓，这套“奇才集”倒排上了日程。

丛书的企划要点在于选准要写的人物，回昆明后我再三斟酌挑选，以确保所选名录品质。标准必须是真正的文学艺术奇才，既有奇文奇画还得有奇事，又得在文学艺术史上站得住脚。精选出来的二十位人物均为一流，数量上已具丛书规模。

我做个企划案容易，孙老师他们组起稿来就费劲了。之后的一两年她都在操持这件事情，确定了以青年学者为班底，以前所未有的集、传结合的方式来编撰，既是原创，又兼顾阅读的雅俗，还可推出一批新面孔，显示一种新笔法，创造一个新方式。

以往有关中国古典文学的出版，都是集、传分开的，集是集，传是传。这次我们将集、传结合，非但形式新颖，重要的是能满足更多读者的实际需求，让他们一册在手，便能读到一位天纵文艺奇才的人生与作品。

选择青年学者来撰写，是想呈现一种新面貌。老学者有功底，学问扎实，他们的研究与书写偏重的是历史和政治，行文严肃。而青年学者注重的是品读和鉴赏，是人生，是文学和艺术本身。加之网络时代到来，写作和阅读都要有相应的快感，活泼的语言对读与写来说，均必不可少，这也是青年学者们的优势。

在策划案通过的两年之后，“奇才集”的书稿陆续出现在我面前。前十部稿子，均由我逐字逐句地修改删补，每改完一部还要写几百字的审读意见。从书稿的情况来看，基本上达到了策划的要求，青年学者们清新活跃的笔调，一改史传人物生平考证和背景说明的繁杂、沉闷，让读者把注意力更多集中到了人物的生活与创作的情节上来。

文艺家与政治家或企业家不同，尤其是被称为“奇才”的天才诗人、哲人和画家，他们往往个性张扬，注重自我，个人生活也富有戏剧性。政治家与企业家的人生，与社会、现实和历史关系密切，他们的“作品”，就是他们在社会历史现实中的作为。而文学家、艺术家们的人生，却大都在孤独中进行着自己的文化创造，社会历史现实对他们而言，关系时常并不是很直接，或者只是他们的人生与作品的注脚。

“奇才集”的出版，确定了以高素质青年学者为写作对象的方向，又首创了集、传结合的编撰方式，使得文丛走上了轨道，为优秀的青年古典文学学者们搭建了一个极为难得的展示平台。而山西教育出版社编辑们过硬的职业素养，那种为一个字查遍所有诗词版本的功夫，更确保了这套丛书的品位和质量。

张宇光

2016年5月于昆明翠湖

目 录

第一章 少年知名

士族之后

汉建安十五年（210）。

孙吴名将周瑜在准备出征的途中不幸身染重病，带着壮志未酬的悲慨和无奈与世长辞，年仅三十六岁。就在两年之前，周瑜成功指挥孙权、刘备联军，巧借东风，在著名的赤壁之战中以少胜多，大败曹操军队，“羽扇纶巾，谈笑间，樯橹灰飞烟灭”，何等的飒爽英姿，意气风发。然而命运是这样的严酷，正当他满怀壮志，准备大展抱负、匡定天下的时候，恶疾竟忍心夺走了这个年轻的生命。周瑜英年早逝，让人慨叹，不过他所指挥的赤壁之战使得曹氏政权元气大伤并退居北方，由此奠定了三分天下、三国鼎立的基础，而这正是阮籍一生生活的政治大背景。

周瑜病逝的这一年，一代风流名士阮籍出生了。阮籍，字嗣宗，陈留尉氏人，也就是现在的河南尉氏县人。曹魏时期官至步兵校尉，并且任此官时间最长，所以后世又称之为“阮步兵”。阮籍的父亲名阮瑀，在阮籍出生时，已经年近半百，膝下却只有一个儿子阮熙，如今老来又得次子，欣喜之情可想而知。阮瑀为阮籍取字“嗣宗”，有继嗣本宗、延续宗族血脉之义，从这个字号来看，很可能阮瑀的长子阮熙是庶出，而阮籍则是正妻所生。在重视正庶名分的古代，阮籍的出生对于这个家庭来说可谓意义非凡。

魏晋时期，重视门第声望的社会风气日益兴盛，一个人的出身门第与他日后的成长、求学、婚姻、仕途等都有着千丝万缕的联系。阮籍的家族虽然不是达官显贵、五世公卿，却也称得上官宦之家、声名清望，而且有着较高的文化修养。戴奎《竹林七贤论》就说：“诸阮前世皆儒学。”自从汉武帝罢黜百家、独尊儒术以来，儒学成为古代士人治学的主要内容，不少士人以儒学起家做官而位至显贵。阮籍家族世代儒学，其文化素养之高由此可见一斑，而这也为整个家族赢得了较高的社会声望。

最能说明这一点的，大概便是后来司马昭为儿子司马炎向阮籍求婚一事。《晋书·阮籍传》说：“文帝（即司马昭）欲为武帝求婚于籍，籍醉六十日，不得言而止。”关于司马昭主动提出同阮籍联姻，其中的原因比较复杂，可能是赏识阮籍的才干，也可能是想拉拢已经声名隆盛的阮籍以进一步削弱曹氏家族的势力，但从司马氏家族的婚姻情况来看，阮籍家族的门第族望应该是其主动联姻的一个重要因素。据载，司马昭之父司马懿的岳母河内山氏，是竹林七贤之一山涛的姑祖母；其兄司马师之妻泰山羊氏，是东汉名臣蔡邕的外孙女，也是西晋著名政治家、军事家羊祜的姐姐；司马昭自己的妻子为东海王氏，她的祖父王朗、父亲王肃，都是当时著名的大学者；司马昭妹妹高陆公主的丈夫京兆杜预，也是达官贵人的后代。可以看出，司马氏不愧是当时的世家大族，能够有资格与这样的家族联姻，阮籍家族自然也非平平之辈。阮籍家族的先人没有担任过什么显赫的官职，司马昭试图与阮籍结秦晋之好，很可能是看重了阮籍家族世代儒学的文化传统。

阮籍的祖父名阮敦，其生平事迹，未见于史书记载。阮敦有两个儿子：长子名瑀，就是诗人阮籍的父亲；次子之名，今已不可知。阮瑀字元瑜，是东汉末年的著名文学家，“建安七子”之一。“建安七子”是对汉献帝建安年间（196～220）七位文学家的合称，阮瑀之外，还有孔融、陈琳、王粲、徐幹、应玚、刘桢等六人，他们是当时除曹氏父子外最优秀的文学家，阮瑀能跻身建安七子之列，充分说明了其文学水准。

在阮瑀一生的成长经历中，不得不提及东汉名士蔡邕，二人是同乡，都是陈留人氏。蔡邕学问渊博，才华横溢。他博通经史，不仅儒学修养高，还曾参与续写当时的史书《东观汉记》；又善于写诗作赋，语言清新，切近生活，关注现实，有很强的艺术感染力；书法造诣也颇高，尤其擅长篆书和隶书，所创造的“飞白”书体，对后世影响甚大；同时还爱好音乐，精通音律，中国古代四大名琴之一焦尾琴就是由他创制的。大概是钦佩蔡邕深厚的学养，加之地缘位置比较近，近水楼台先得月，阮瑀很小的时候就拜蔡邕为师进行学习。阮瑀本来就天资过人、才思敏捷，连年长他三十多岁的老师蔡邕都称赞他“奇人也”，对他很是赏识；而蔡邕多才多艺、才华出众，也深受阮瑀的敬佩。总之，这段珍贵的求学经历称得上是师生两相得了。名师出高徒，有这样一位博学多才的大师调教指点、倾囊相授，阮瑀自然是收获颇多，获益匪浅。日后的阮瑀不仅文学素养高，写得一手好文章，还精通音乐，弹得一手好琴，跟这段难得的求学经历有很大关系。

还值得一提的是，蔡邕不仅学富五车、博学多才，还特别喜欢收藏书籍，最多时曾达到一万多卷，这在当时可是一个不小的数目。东汉末年，上距蔡伦改进造纸术才一百余年，用相对轻便的纸张来传抄书籍还不是很普遍，而印刷术则要到五六百年之后的唐代才产生，大规模印刷书籍更要到八九百年之后的赵宋王朝，这些都严重制约了书籍的传播与流通。在那个时代，除了朝廷设有专门的藏书机构，藏书较为丰富以外，一般的士族家庭能有几千卷的藏书已经是非常了不起了。据说，蔡邕是历史上第一个藏书过万的私人藏书家。不仅如此，蔡邕为人慷慨，并不把这些书籍据为己有、秘不示人，因为喜欢王粲的才学，晚年便把自己的藏书用车载了好几车赠给王粲。在古代，书籍与知识学问的传播有着密不可分的联系，普通家庭的读书人买不起书，就只能靠借书或者抄书来学习。阮瑀这位名师颇为丰富的藏书，自然也给阮瑀少年求学提供了很多便利。

阮瑀天资聪颖，加之少年跟随名师蔡邕求学，得其真传，随着年岁的增长，学问越来越大，文章写得越来越好，而名气也越来越大。在古代，一般士人都把出仕做官作为人生的目标，而学问、文章、声名、族望这些都是士人求官晋爵的重要因素和资本。如今，阮瑀这些条件差不多都具备了，正是步入官场的好时机，可是声名日盛的阮瑀似乎并不热衷仕途。这也难怪，这时的东汉王朝早已过了太平盛世，宦官专权、外戚掌政、朝廷腐败、边疆战事不断，国家境况江河日下，动荡不安。大概在阮瑀的弱冠之年，黄巾起义爆发了，这场农民战争历时数年，波及七郡二十八州。此后，全国更是军阀混战，战乱不断，加以天灾病疫，导致民生凋敝，白骨遍野，到处弥漫着痛苦和绝望的气息。曹操在《蒿里行》写道："铠甲生虮虱，万姓以死亡。白骨露于野，千里无鸡鸣。生民百遗一，念之断人肠。"由于常年的战乱，战士们的铠甲上都长满了虮虱，众多的老百姓因战乱而丧生，累累白骨曝露在荒野之上，千里之间连鸡鸣的声音都听不见了，一百个老百姓中只有一个还侥幸存活，想到这里令人肝肠寸断。

深受儒学熏陶的阮瑀未尝不胸怀大志，可是身在这样一个黑暗动荡的时代，亲眼目睹朝不保夕的人间惨剧，阮瑀渐渐调整了自己的人生路标。他在《七哀诗》中悲伤地写道："丁年难再遇，富贵不重来。良时忽一过，身体为土灰……出圹忘故乡，但见蒿与莱。"人生易老，生命难常，盛衰无情，何必执著于建功立业呢？还是做一个普普通通的老百姓，以布衣终生吧。他在《隐士》诗中写道：

四皓隐南岳，老莱窜河滨。颜回乐陋巷，许由安贱贫。伯夷饿首阳，天下归其仁。何患处贫苦，但当守明真。

四皓：指秦末的东园公、角里先生、绮里季、夏黄公，为了逃避战乱，一起到商山隐居。他们都年岁已高，须眉皆白，被称作商山四皓。

老莱：即老莱子，春秋末年楚国隐士，相传住在蒙山，靠种田养活自己，听说楚王召他入宫做官，就跟着妻子迁居江南。

颜回：颜渊，孔子最得意的弟子，安贫乐道。孔子曾称赞他："贤哉，回也。一箪食，一瓢饮，在陋巷，人也不堪其忧，回也不改其乐。"(《论语·雍也篇》)

许由：尧舜时代的隐士。相传尧要把君位让给他，他便逃到箕山隐居起来。尧又请他出来做九州长官，他就跑到颍水边洗耳，认为尧的话弄脏了他的耳朵。

伯夷：商朝孤竹君之子，父亲死后因与弟弟叔齐互让君位而一起出逃。周灭商后，二人拒绝吃周朝的粮食，一起到首阳山隐居，靠采薇而食为生，最终饿死。孔子评价二人说："求仁得仁。"（《论语·述而篇》）认为他们是有仁德之人。

阮瑀诗中所提到的都是古代著名的隐士，他们不热心功名利禄，不追逐达官显贵，即使贫困卑微也不以为苦，始终坚守着最本真纯粹的内心，而这才是生命中最可贵的部分。生逢乱世，生命就像河水中裹挟的尘埃，飘忽不定，不能自已，阮瑀多么想像这些隐士一样安贫乐道，求仁不怨。即使后来被迫出仕，他这份渴望归隐的心迹也一直没有暗淡褪去。建安十六年（211），已在曹操门下为官的阮瑀随曹军西征，八月经过伯夷、叔齐退隐的首阳山，便带着无比的崇敬之情，缓缓地屈膝跪地，用古代最隆重的稽首之礼来凭吊两位他视为生活榜样的古代贤者。

然而，不管阮瑀渴望退隐的心愿有多么强烈，多么"向往深之"（阮瑀《吊伯夷》），终究还是事与愿违，现实把他一步步逼向了仕途。东汉末年，皇权势微，各地军阀称霸一方，混战不断，并试图通过各种手段扩大地盘，甚至一统天下。大小不一的军阀为了壮大自己的实力，除招兵买马之外，还广为搜罗人才，以求为己用。在这种时代背景下，声名在外的阮瑀自然成为群雄招揽的重要对象。建安年间，时任都护将军的曹洪听说阮瑀有才，便想请阮瑀出山做自己的掌书记。当时曹操已经从军阀混战中脱颖而出，而曹洪是曹操的从弟，且军功显著，手掌重权，能够入曹洪门下为官，对日后的仕途一定大有裨益。但是，这一切的利害关系都没有让阮瑀动心，他毫不犹豫地拒绝了。据说曹洪被拒之后，甚至对阮瑀加以榜笞，逼其就任，无奈阮瑀硬是不肯屈服，最后只得作罢。

平静的生活没能持续多久，很快又被打破了，阮瑀终究逃不出为名所累的命运。这一次，请阮瑀出山做官的正是“奉天子以令不臣”的曹操。跟曹洪一样，曹操也是耳闻阮瑀的才名，他手下正缺擅长文书的下属，便想着把阮瑀招致过来。但阮瑀依然不肯出来做官，他拒绝了曹操的征辟，后来实在被逼得没有办法，索性逃到山中躲了起来。无奈曹操也不肯善罢甘休，仿效春秋时期晋文公逼介子推做官的故技，派人放火烧山，逼阮瑀下山。介子推被晋文公的一把大火烧死了，而阮瑀则被曹操的大火逼下了山。这一次，阮瑀没能成功逃脱，只得就范，答应出来做曹操的属官。

据传，阮瑀被迫下山后，随即被人送到长安去拜见曹操。当时曹操正大宴宾客，看到阮瑀进来，想起多次派人请他出来做官都不肯，不禁有些恼怒，也不跟阮瑀说话，只是表情冷淡地让他坐到旁边吹箫弹琴的乐队里，想借此冷落羞辱阮瑀一番。阮瑀也不争辩，一言不发走进乐队里，神情自若地拨动琴弦，放声高歌："奕奕天门开，大魏应期运。青盖巡九州，在东西人怨。士为知己死，女为悦者玩。恩义苟敷畅，他人焉能乱?"意思是，高大盛美的天门已经打开，魏国顺应时运，老百姓们翘首以待，迫切地盼望曹操能够统一天下，天下的才能之士也都愿意归顺曹操，为他效力。阮瑀的琴技本来就很高超，要知道他可是出自精通音律的大师蔡邕门下呀，脱口而出的歌词又令在场宾客赞不绝口、称许不已，曹操也心情大好，心头的怨气和不快顿时烟消云散。

"士为知己死，女为悦者玩"，士人甘愿为赏识自己的人牺牲性命，女子乐意为喜欢自己的人去装扮、修饰自己。不管阮瑀唱这首歌时是逢场作戏、言不由衷，还是终于被曹操求才心切的诚心所打动，总之阮瑀这次出山做官了。他和陈琳一起担任曹操的司空军谋祭酒，掌记室，负责起草军中的章表文书。陈琳也是建安七子之一，写得一手好文章，最初在袁绍幕下任官。当年他为袁绍讨伐曹操而作的《为袁绍檄豫州文》，历数曹氏数代罪状，酣畅淋漓，震慑人心。《三国演义》中说曹操当时正患头痛病，卧病在床，读了这篇言辞犀利的檄文，毛骨悚然，吓得一身冷汗，头痛竟然立即被治愈了。官渡之战，袁绍大败，陈琳被曹军俘获。曹操觉得这么有才华的人，就这样白白杀掉，不免可惜，倒不如留作己用，于是不计陈琳有大不敬的罪过，不仅没有处死，还给予他官职。阮瑀和陈琳两人都是文章高手，归附曹操门下以后颇受重用，军中的章表文书大部分出自二人之手，可以称得上是曹门双璧了。

有一次，曹操命阮瑀给关西军阀韩遂写信。当时曹操恰好要外出，阮瑀骑马随从，二话不说，伏在马鞍上就草拟起信来，文不加点，一气呵成。写好后呈给曹操，曹操手中执笔，本来想按惯例修改一下，结果看了半天，竟然一个字也没法增减，阮瑀的文笔功夫由此可见一斑。赤壁之战后，为拆散孙刘联盟，阮瑀代笔写了《为曹公作书与孙权》，思绪飞动，韵律回荡，动之以情，晓之以理，迫之以兵，寓锋芒于宽厚，成为古代历史上的檄文名作。曹丕的文学修养很高，曾多次称赞阮瑀的文章，如在《典论·论文》中说：“（陈）琳、（阮）瑀之表章书记，今之俊也。”又在《与吴质书》中说：“元瑜书记翩翩，致足乐也。”可见阮瑀文章功底之深厚了。

建安时期，时局依然动荡不安，但和此前相比，又有了些新变化。曹操在军阀混战中进一步巩固了自己的势力，大有统一北方之势。阮瑀战时跟随曹操随军出征，起草文书，紧张的公务之余，和曹操父子、陈琳、王粲等人饮酒听曲，写诗作赋，兵荒马乱的日子也多了一丝短暂的欢愉和慰藉。可喜的是，年近半百的他老来得子，阮籍出生了。在此之前，阮瑀膝下只有一个庶出的儿子阮熙，他知道这个刚出生的小儿子对他、对整个家族意味着什么，于是郑重地给阮籍起了“嗣宗”这个字号。

生逢乱世

阮籍出生于汉末乱世的北方，多年的战乱使社会元气大伤，民生凋敝，人心凄迷。从刚出生的那一刻起，阮籍就不得不面对这样一个充满哀伤和绝望的世界。更为不幸的是，在他年仅三岁的时候，父亲就因病去世。不管阮瑀多么疼爱这个刚出生的幼儿，也不管他多么期待小阮籍快快长大，好教他读书写诗，弹琴作曲，把自己的平生所学都传给他，命运就是这么绝情残忍。

父亲的去世对这个家庭无疑是个沉重的打击。阮瑀虽然在曹操幕下为官，大概是因为不善于打理生计，家庭并不富裕。《世说新语·任诞》载："阮仲容、阮步兵居道南，诸阮居道北。北阮富，南阮贫。"阮仲容就是阮咸，阮籍的侄子，"竹林七贤"之一。阮氏家族聚族而居，阮咸和阮籍两家住在街道的南面，其他阮氏家庭住在街道的北面，居住在北面的阮氏人很富裕，而住在南面的比较贫困。当时有七月初七晾晒冬衣的习俗，以防衣服霉烂。每到这个时候，街北的阮氏人家都大晒用纱罗等做的高贵华丽的衣服，阮咸也用衣竿挂起粗布裤子来晾晒。别人看后感到奇怪，阮咸回答说："我不能无视世俗习惯，姑且应应景罢了。"这便是"未能免俗"这一成语的出处。阮咸的行为不乏讽刺、自嘲之义，但其家境的贫寒由此可见一斑。

父亲去世后，年幼的阮籍与母亲相依为命，生活之凄苦艰难可想而知。关于阮籍的母亲，我们所知甚少，连她的姓氏这些最基本的信息都淹没在历史的尘埃里，无法寻觅。生处乱世，丈夫去世，家境贫困，幼儿才刚满三岁，种种现实都压得她喘不过气来，让人欲哭无泪，心如刀绞。阮籍母亲的哀戚处境，可以从当时阮瑀好友曹丕、王粲等人所作的诗赋中窥见一斑。曹丕哀怜阮氏孤儿寡母，专门写过《寡妇赋》《寡妇诗》，对他们的遭遇深表同情。《寡妇赋》序云："陈留阮元瑜与余有旧，薄命早亡。每感存其遗孤，未尝不怆然伤心。故作斯赋，以叙其妻子悲苦之情。"其赋云：

> 唯生民兮艰危，在孤寡兮常悲。人皆处兮欢乐，我独怨兮无依。抚遗孤兮太息，俯哀伤兮告谁？三辰周兮递照，寒暑运兮代臻。历夏日兮苦长，涉秋夜兮漫漫。微霜陨兮集庭，燕雀飞兮我前。去秋兮既冬，改节兮时寒。水凝兮成冰，雪落兮翩翩。伤薄命兮寡独，内惆怅兮自怜。

诗意为：活着的人生活已经够艰辛，作为寡妇更是感到悲苦。别人或许还有欢乐的时候，只有我独自哀怨，无依无靠。抚摸着遗孤深深叹息，满腹哀伤又能向谁倾诉？日月星辰不停地流转，寒来暑往，岁月更替。

炎炎夏日的时候，苦于白天太长，到了秋天，又要独自忍受漫漫长夜，白霜降落布满了庭院，燕雀匆匆飞向南方。秋天过去，冬天已经来临，时节变化，天气逐渐变寒。流水凝结成冰，雪花漫天飘飞，纷纷扬扬。哀叹自己薄命成了孤寡，内心惆怅，只能顾影自怜。

一个人艰辛地养育孩子，无所依靠，一年四季每个时节的日子都过得那么漫长难熬。这便是阮籍母亲当时的寡居生活写照。王粲也在《寡妇赋》中说："涕流连兮交颈，心憯结兮增悲。欲引刃以自裁，顾弱子而复停。"诗意为：心绪郁结，悲怆的心情终日挥之不去，以泪洗面，泪水打湿了脖颈。真想拿起刀刃追随丈夫而去，可是看到孤弱的幼子又只得缓缓放下。

阮籍的母亲是伟大的，这位连姓氏都被历史遗忘的母亲，自从丈夫去世后，就一直带着阮籍过着寡居的生活，她强忍着中年丧夫的巨大痛苦，顽强地肩负起抚养子女的艰巨责任。母亲的坚强和慈爱，给阮籍不幸的童年带来了莫大的温暖和抚慰，也更加深了孤儿寡母之间的情感和依赖。后来母亲逝世，阮籍悲痛欲绝，吐血数升，跟这段艰辛的童年经历是分不开的。

在母亲的悉心照料下，阮籍渐渐长大了。当然，作为阮籍父亲的生前好友，曹丕等人哀悯阮家孤儿寡母的凄凉处境，很可能对他们的生活给予过关照。而曹氏家族的这份情谊，也为阮籍日后挣扎徘徊于曹氏和司马氏两大家族之间埋下了种子。

公元220年，也就是阮籍十一岁的时候，中国历史上发生了一件大事，汉献帝被迫将帝位禅让于曹丕，延续了四百余年的大汉王朝由此终结，取而代之的是曹魏政权。汉献帝刘协九岁登基，他睿智聪慧，胸怀大志，希望能力挽狂澜，恢复汉室。无奈当时大汉王朝已经江河日下，他只能做一个傀儡皇帝，成为各个军阀争夺的对象。曹操控制和挟持汉献帝后，基于各种原因，并没有废汉称帝，而是一直身居丞相之位。公元220年，曹操去世，太子曹丕当政，逼迫早已名存实亡的汉献帝禅让，刘汉灭亡，魏国建立，从而拉开了三国鼎立的序幕。

汉朝灭亡了，而新皇帝居然是父亲的生前好友，是那个曾经因同情哀悯阮家孤儿寡母而专门写诗作赋的曹丕，阮籍就这样跟当时的政治中心联系到了一起。也许对于朝廷上发生的这场处心积虑的政变，少不更事的阮籍并不清楚对自己意味着什么，然而后来的历史告诉我们，他的一生注定要和曹魏集团纠葛在一起了，而曹丕称帝仅仅是故事的开始罢了。

博学志远

大概是父亲的遗传，阮籍虽然没能亲受父亲的教诲，但从小就天资聪慧，文思敏捷。《魏氏春秋》说阮籍“幼有奇才异质，八岁能属文”，即从小就表现出不同寻常的才智和禀赋。

不仅如此，阮氏家族世代儒学，有着良好的家传，阮籍少年时代便十分喜好读书，尤其偏爱《诗经》《尚书》等儒家经典。对有些同龄的孩子来讲，读书或许是件枯燥无聊的事儿，阮籍却是好学不倦，乐此不疲。他读起书来尽头十足，爱不释手，兴起时甚至可以把自己关在家里，好几个月都不出家门半步。正如《晋书·阮籍传》所载：“或闭户视书，累月不出。”瞧，这是一个多么爱读书的孩子呀，可以称得上是天生的读书种子了。在众多的书籍中，儒家经典对阮籍产生了深刻的影响，年幼的他被书中古代圣贤高尚的德行深深打动，并暗下决心，立志要成为一个品德高尚、不慕荣利的人。自汉武帝“罢黜百家，独尊儒术”以来，儒家价值观长期是古代的主流价值观念，阮籍年纪轻轻，就能有如此追求抱负，可谓是少有大志了。

这段幸福宁静而又触动心灵的读书生活，成为阮籍童年生活弥足珍贵的回忆。阮籍后来在《咏怀》十五中写道：

昔年十四五，志尚好书诗。

被褐怀珠玉，颜闵相与期。

尚：崇尚，推崇。

书诗：即《尚书》和《诗经》，这里用来泛指儒家经典，是古代士人最重要的研读对象。

珠玉：比喻美好的品格，道德高尚。

颜闵：颜即颜回，闵即闵子骞，二人都是孔子的得意弟子，以道德高尚著称，是安贫乐道的典范人物。

期：期望，期许。

诗意为：从前，当我十四五岁的时候，有志于研读诗书。虽然身穿粗布衣服，但我心怀如珠玉一般光洁美好的品格和德行。我以颜回、闵子骞为榜样，立志要成为像他们一样道德高尚的人。

十四五岁，多么美好的年岁。孔子说，人在十四五岁的时候，就应该确定自己的志向了，阮籍正是如此。我们之前多次提到过，阮氏家族世代儒学，志向、追求都深受儒家文化的影响，行为、出处也多以孔子等圣贤为榜样。阮籍的父亲阮瑀就多次提到伯夷、颜回等体现和代表儒家价值观念的人物。阮籍少年立志，他对自己的人生有着比较清醒的规划，他要诵读儒家的诗书，以便更好地用儒家的价值标准来指导自己。尽管家境并不宽裕，阮籍并没有因此而懊恼痛苦，他要像颜回、闵子骞那样，不追求荣利富贵，而是努力修养自己的德行，完善自己的品格。阮籍真是个少年早成、胸怀大志的孩子！

阮籍除刻苦习文外，还兼习武艺。阮籍生逢乱世，群雄逐鹿，军阀混战，各地军阀大多为了一己私利而发动各种战争，给老百姓带来了巨大的灾难和痛苦，骨肉分离，妻离子散，哀鸿遍野，满目凄凉。从小生长在这种动荡不安的环境，阮籍的心灵受到极大的触动，战乱所带来的切肤之痛让他发自内心地渴望天下安定太平，更萌生了携笔从戎的愿望。另一方面，这一时期的曹魏政权经过多年征战，已经控制了北方的大片领土，局部统一的趋势日渐明显。军旗翻飞，战马奔腾，驰骋疆场，建功立业，时代在召唤，阮籍不要做一个死读书的文弱书生，他要策马挥鞭，奋血沙场，平定天下，一统河山。阮籍年少的时候学过击剑，据他自己所说，剑术还比较高超。他可能还有过一段从军的生活，将自己建功立业的梦想付诸了实际行动。对于少年时代这段满怀雄心壮志的经历，阮籍在《咏怀》六十一中不无感慨地回忆道：

少年学击刺，妙伎过曲城。
英风截云霓，超世发奇声。
挥剑临沙漠，饮马九野坰。
旗帜何翩翩，但闻金鼓鸣。
军旅令人悲，烈烈有哀情。
念我平常时，悔恨从此生。

击刺：即击剑。

妙伎：伎通技，意为高超的技艺。

曲城：指西汉张仲，被封为曲城侯，因为剑术高超而闻名天下。

奇声：杰出的、出乎一般的声誉。

九野坰：九州的野外。坰：远郊，形容国土极边远的地方。

金鼓：指锣鼓，古代战争用锣鼓来指挥作战，命令军队行动与进攻就打鼓，而指挥军队停止或退回就鸣金。

烈烈：忧愁的样子。

瞧，多么英姿飒爽、八面威风的阮籍啊。他少年学剑就已经技艺非凡，甚至超过了以剑术而享誉天下的曲城侯张仲。不仅如此，他那英伟的风姿还可以上天去截取一段美丽的云彩，真可谓身轻如飞、剑气凌云呢。凭着这身高超的剑术，阮籍远赴塞外，驰骋沙场。手挥长剑面对着茫茫沙漠，在苍凉辽远的边境牵着骏马饮水，北风萧萧，耀眼的军旗在风中飞舞飘扬，只听见金鼓声震天动地，战士们出生入死。军旅生涯是悲壮的、严酷的，但它更是阮籍寄托梦想、实现抱负的地方。

然而，孰能料到，幼年扬威沙场的人生梦想，日后竟成为阮籍生命里挥之不去而又隐隐作痛的一大情结。由于各种原因，阮籍未能如愿以偿，晚年回忆起这段意气风发、慷慨激昂的经历，甚至心生懊悔。“念我平常时，悔恨从此生”，无法施展抱负，只能责备自身，这种壮志难酬的悲哀是何等的沉重和无奈。当然，这都是后话了。

平时读读诗书，和圣贤先哲进行超越时空的交流，累了就活动活动筋骨，舞几招剑，少年阮籍可谓是文武双全、全面发展。除此之外，阮籍还有些其他的兴趣爱好，其中不得不提的便是音乐和出游。也许是父亲的遗传，阮籍对音乐有着特别的爱好，而且同他的父亲阮瑀一样，阮籍也精通音律。这方面，阮籍有两个绝技，一是擅长弹琴，可谓是继承了父亲的艺术细胞；二是特别擅于长啸。长啸是古代一种特殊的音乐表现形式，说起来似乎很简单，就是撮口发出清越悠扬的声音，但对古人却有着特殊的意义。它是古人用来抒发情感、表达胸臆的一种方式，简单中蕴涵着不凡，因而也备受古人青睐。都说魏晋人善于长啸，而阮籍的长啸功夫又是魏晋人中的佼佼者，嘹亮悠远，百步之外都可以听得到。拨几声琴弦，歌咏数句，抑或一时兴起，长啸数声，一切都是那么的自然洒脱、任情畅怀。

阮籍也喜欢驾着车去登登山，看看水。读起书来可以几个月不出门，可是一时兴起，游玩起山水来，阮籍甚至一整天都忘了回家。《晋书·阮籍传》就说，“或登临山水，终日忘归”，沉醉于山水之中，流连忘返，跟闭门读书的阮籍简直是判若两人了。但这就是阮籍，任意适性，不矫情，不做作，一派天真烂漫。

当然了，毕竟是名门之后，加之年纪尚轻，幼时的阮籍也沾染了一些纨绔子弟游乐无羁、轻薄奢华的放荡习气。有一段时期，阮籍对音乐、出游有着特别的偏爱，他沉迷于管弦歌舞，寻欢作乐，还带着不少资财到都城洛阳去游玩。

咏怀（其五）

平生少年时，轻薄好弦歌。
西游咸阳中，赵李相经过。
娱乐未终极，白日忽蹉跎。
驱马复来归，反顾望三河。
黄金百镒尽，资用常苦多。
北临太行道，失路将如何。

咸阳：秦朝的都城，在今陕西省咸阳市东，此处用来代指魏国都城洛阳。

赵李：一说指汉成帝时的著名游侠赵季、李款，这里用来泛指当时的那些豪侠少年、贵族子弟。

经过：结交往来。

三河：指黄河、伊川、洛水三河之地，是魏国都城洛阳所在的地方。

镒：古代的重量单位，一镒等于二十四两。

资用：资财费用。

“北临太行道，失路将如何”：这两句用的是“南辕北辙”的故事，说太行山的驿道上，有人想到南方的楚国去，而车马却向着相反的方向北方走，比喻采取的行为不当，就会离想要实现的目标越来越远，背道而驰。

当时的洛阳经过魏氏家族的经营和发展，东汉末年残破不堪的局面已经有了很大改观，城市社会经济也日趋繁荣。大概从来没有见过这么大的城市，人声嘈杂，车马奔驰，年轻的阮籍马上被眼前的景象迷住了。他在洛阳城里听曲观舞，追逐耳目之乐，还和城里的任侠之士、贵族子弟等多有交结，放浪形骸，轻浮任气，日子过得好不潇洒快活。觥筹交错、欢歌笑语之间，曾经热血沸腾的志向抱负也都抛到了九霄云外。

快乐的日子总是那么短暂，谈笑之中，光阴流逝，岁月蹉跎，阮籍携带的资财也都消耗殆尽。曲终人散，一阵落寞莫名地袭上心头，阮籍这才猛然发现自己竟然一事无成，顿时心生悔意，扬鞭策马，启程归家。“北临太行道，失路将如何”，面对着茫茫远去的大道，迷失的人儿如何才能找寻到归途的方向？对于少年时代这段轻薄好冶游的生活，晚年的阮籍回忆起来，颇有误入歧途、南辕北辙的感慨。他本来怀有一番雄心壮志，却迷恋于弦歌游乐，凭空虚度了美好的时光，也离自己的梦想抱负越来越远。

虽然有过这样一段浮华轻荡的日子，总体而言，瑕不掩瑜，少年阮籍很早就表现出异于众人的禀赋和才智，并获得了时人的称赞。阮籍有一个族父名阮武，做过魏国的清河太守，才华出众，学识渊博，落落大方，是当时公认的儒雅之士。阮武第一次见阮籍的时候，阮籍还是总角之年，没有什么名声，但阮武一见到他就赞叹佩服不已，认为超过了自己。以阮武的学识和修养尚且如此称赞阮籍，自叹不如，少年阮籍的才华和风度由此也可想而知了。又有一次，十六七岁的阮籍跟随叔父去东郡，大概是略闻阮籍之名，当时的兖州刺史王昶提出要见一见他。结果见面后，阮籍一整天也不说一句话，令王昶惊叹不已，认为阮籍深不可测。也许有些人会问，阮籍一言不发，凭什么推测他有过人之处呢？确实如此，王昶的评论似有夸大之嫌，不过魏晋南北朝时期，社会上很流行品鉴人物，而一个人的面貌举止是品评人物的重要依据。王昶少有名声，而且为人谦虚诚实，大概是阮籍确实表现出不同常人的风度、气质，才赢得王昶由衷的感叹吧。总之，阮籍同父亲一样，也是少年成名呀。

第二章，正始十年

十年幽潜

儒家的祖师爷孔子有一个“待贾而沽”的故事。有一天，子贡问老师：“假如这里有一块光洁无瑕的美玉，是藏在柜子里面呢，还是寻求那些识货的商人把它卖了呢?”孔子听后，迫不及待地回答说：“沽之哉！沽之哉！我待贾者也。”意为：卖了它，卖了它，我正在等待识货的商人出现呢。从故事表面上看说的是做买卖，实际上讨论的却是对于为官从政的态度。一个有才华、有学问的人，就像一块美玉，是出来做官、为天下所用呢，还是隐居度日、不关心世事呢？孔子毫不犹豫地说，只要遇到合适的时机，当然要出来做官啦。孔子这么热心于从政，并不是贪图富贵名利，而是因为这样才能更好地实现自己恢复礼乐的抱负。

事实上，孔子也是这样做的。春秋时期，礼崩乐坏，诸侯争战，孔子为了推行自己的仁政，带着门下弟子周游各国，奔走呼号，却屡屡碰壁。当时有人甚至嘲笑孔子“累累若丧家之狗”(《史记·孔子世家》)，憔悴颓丧得好像一只丧家犬。尽管如此，孔子依然坚持自己的信念，“沽之哉！沽之哉!”“知其不可而为之”(《论语·宪问》)，明知道自己的理想很难在纷乱的时代实现，依然毫不放弃，奋斗不息。孔子的这份执著与坚持给儒家注入了心怀天下的博大胸襟，成为后代不少士人尊奉和效仿的对象。于是我们总能看到这样一些人，纵然时局动荡，他们也不畏惧、不逃避，为救百姓于水火之中而鞠躬尽瘁。

汉末魏初，统一的中央王朝分崩离析，军阀混战，所谓的仁义道德后面隐藏着的竟是一个个追名逐利的丑恶面目，这一切都跟孔子所处的春秋乱世是何其的相似。阮籍家族世代儒学，少年时期又颇以儒家经典中的圣人贤者为榜样，应当说是深受儒家价值观的影响。而且，他也确实曾有一番雄心壮志，渴望驰骋沙场，建功立业。古代，从政为官是士人实现自己人生抱负的重要途径，某种程度上甚至可以说是最主要的途径。出仕，还是隐居，这是摆在很多士人面前必须面对的问题。阮籍从小饱读诗书，又兼习武艺，如今已成长为一个才华出众、旷达任情、名声在外的风度青年，就像一块含有美玉而外表粗糙的矿石，经过多年精心的打磨雕琢，终于露出本质的光洁温润的美玉，它是那么晶莹剔透，纯洁无瑕。现在，阮籍站到了自己的人生十字路口。他是找个识货的商人卖了呢，还是心存爱惜，把它珍藏在自己的柜子里呢？

阮籍十六七岁的时候陪叔父去了趙东郡，这以后十余年的生活，因为史书少有记载，我们所知甚少。这段史书上的空白期，阮籍是怎样度过的呢？从之后的经历来看，阮籍这十来年大概一直过着隐居读书的生活，而没有走入仕途。是阮籍没有得到征辟，因而没有机会做官，还是面对眼前的机遇，他作出了另外一种截然相反的选择，决定隐居终生，把自己这块美玉珍藏在柜子里呢？我们不得而知，一切都淹没在浩渺无声的历史中。不过，结合当时的朝廷政局以及阮籍此后多次辞官和消极为官的经历，大致可以推测，尽管少年胸怀大志，阮籍并没有汲汲于做官，而是安于相对平淡的隐居读书生活。“被褐怀珠玉”，卖还是藏，出仕还是隐居，阮籍没有像他所尊奉的榜样孔子那样，而是选择了后者。

也许这个时期的阮籍还对另外两本书产生了兴趣，这就是《老子》和《庄子》。春秋战国时期，是古代著名的乱世，同时也是思想文化空前活跃的时期，形成了百家争鸣的繁荣局面。孔子所开创的儒家后来发展成为中国古代思想的正统，但在当时，不过是百家中影响较大的一家罢了。作为积极进取的儒家对立面，老子和庄子所代表的道家，主张返璞归真，明哲保身。尤其是庄子，他非常崇尚人作为个体的自由和不羁，除了做过漆园吏那样的小官外，一生没有做过其他的官。据说，有一次庄子在濮水边上钓鱼，楚威王派了两个大夫请他做楚国的宰相。庄子拿着渔竿，头也不回地说：“我听说楚国有一只神龟，已经死了三千多年了，楚王用锦缎把它包好，放在竹匣中，珍藏在庙堂里。你们说这只龟，是宁可死了留下一把骨头让人珍藏呢，还是宁愿活着而在泥巴中摇头摆尾呢?”两个大夫回答说：“当然是宁愿活着在泥巴中摇头摆尾了。”庄子于是说：“那么请你们走开吧，我还准备在泥巴中摇头摆尾呢。”这就是“曳尾涂中”的故事。同孔子“待贾而沽”一样，这个故事依然说的是关于仕与不仕、从政还是隐居的问题。是做一只尊贵的神龟，还是做一只默默无闻、混迹于泥巴中却逍遥自在的龟呢？出仕还是退隐，与孔子截然相反，庄子选择了后者，二者形成了鲜明对比。

这里之所以不得不提老庄，是因为虽说汉武帝罢黜百家、独尊儒术之后，儒家的价值观日渐深入人心，但一旦朝廷腐败、政局动荡，老庄的思想就会日益抬头，避祸全身的顾虑取代了心系苍生的豪情壮志。儒道两家的很多主张观念相互对立，但彼此又谁也不能完全战胜对方，随着历史环境的变化，儒道两家对士人的影响力也此消彼长，从而形成了儒道互补、相辅相成这一中国古代特有的文化现象。

对阮籍这十余年的隐居生活，虽然我们所知甚少，不过当时社会上老子、庄子学说已经有了相当广泛的传播，而阮籍又博学多闻、广览群书，说他接触过《老子》《庄子》应当不为过吧。阮籍或许也被《庄子》描述的大鹏展翅高飞的逍遥阔达境界所触动，从而停下了他热心从政的步伐。

但阮籍毕竟深受孔夫子出仕主张的熏染，同时又不肯就这样干干脆脆地皈依老庄，信仰跟行动背道而驰了，于是只能在愁苦无奈中自我煎熬，得不到解脱。可以想象，这段读书隐居生活平淡而不平静。如果阮籍只是一块普普通通的石头也就罢了，即使隐没在荒草中也不会心有不甘，而阮籍现在是一块美玉啊，他渴望能在属于自己的舞台上展现温润谦和的光泽。对于少有壮志的他来说，这种抉择并非心甘情愿，而是隐藏着深深的无奈和感慨，就像辽阔无边的海面，平静安宁的表象后面，暗涌着惊天巨浪。

托孤祸端

历史的时钟缓缓滑过，不管时局如何风潮暗涌，它都冷眼以对，将指针默默指向了正始元年（240）。

正始是魏国第三任皇帝魏废帝曹芳的年号，在魏晋历史上，正始时代的开启对日后魏国的政局走向具有重大的转折意味。

魏景初三年（239），魏明帝曹叡病危，弥留之际，将在外地领兵的司马懿召回宫中。明帝卧在病床上，拉着司马懿的手说："我把后事托付给您，您要和曹爽一起辅佐幼子。死怎么是可以忍住的呢，我强忍着不死就是为了等待您。能够和您相见，再没有什么遗憾了。”明帝召来宫中的齐王曹芳、秦王曹询拜见司马懿，特意指着齐王曹芳对司马懿说：“就是他了，您仔细看看，不要弄错了。”又让齐王上前抱着司马懿的脖颈。见此情景，司马懿一边叩头一边流泪。这就是著名的明帝忍死托孤的故事。明帝病逝后，年仅八岁的齐王曹芳即位，曹爽、司马懿等辅政，第二年改年号为正始。

明帝忍死托孤，凄婉动人，他是多么希望能将魏国的未来皇帝托付给一个忠厚可靠又有才能的大臣。然而事与愿违，后来魏国腥风血雨的政治斗争告诉我们，明帝的临终托孤给魏国埋下了深深的隐患，无异于亲手将曹家的大好河山送上了穷途末路。

曹爽是曹真之子，能在这次托孤中成为曹氏皇族集团的首领，与他的父亲曹真有很大关系。可以说，是曹真一生的卓越功绩和耿耿忠心把原本才能平平的曹爽一步步推向了权力的中心。曹真是曹操的族子，当年他的父亲曹邵追随曹操时被杀，所以曹操特别照顾这个兄弟的遗孤，像对待自己的儿子一样，还让他和后来的魏文帝曹丕同进同出。曹真智勇双全，跟随曹操南征北战，多有战功。曹丕驾崩时，他和陈群、司马懿共同受遗诏辅政，迁大将军。明帝在位时，曹真因指挥对蜀作战有功，升为大司马，还特许可以剑履上殿，入朝不趋，达到了古代臣子能够达到的最高地位。曹真不仅功勋显赫，而且一生谨守臣子之义，体恤部下，因而深得皇帝和群臣称赞。曹真去世后，曹爽作为长子继承了他的爵位，其他五个弟弟都被封为列侯。

贵为皇亲国戚，曹爽年轻的时候还算谨慎、持重，而且很得当时的皇太子曹叡喜欢，二人私交甚好。曹叡即位后，更是对曹爽宠爱有加，多次加官晋爵。再加上有此前父亲曹真积累的功业，曹爽逐渐走进了曹氏家族的核心圈子，并最终身居辅政大臣的高位。但是，不管现在的曹爽多么位高权重，他之前基本没有军功政绩可言，不论资历、功劳、才能，还是在朝臣中的威望和根基，他都很难与那个忍死托孤的主角之一——同朝辅政的司马懿比肩。

这时的司马懿已经年过六旬，作为三朝元老，他谋略过人，功劳卓著，威名显赫，在朝廷中拥有相当大的势力。在古代家天下的政治传统中，能以一个外姓人的身份成为顾命大臣辅佐朝政，司马懿当时的声名地位可想而知。司马懿能走进曹氏家族的权力中心，除了他本人的谋略才智，不能不从曹家江山的缔造者曹操说起。

司马懿的父兄与曹操关系非同一般，他的父亲司马防曾举荐过曹操任洛阳河北尉，长兄司马朗后来也在曹操手下任官，是建安时期曹氏集团的重要人物。尽管如此，当曹操要征辟隐居的司马懿为官时，司马懿两次都假装患有风瘫病，卧床不起而拒绝了。后来曹操又派人去召司马懿为官，并威胁说，如果再犹豫不决，就把你逮捕入狱。司马懿这才不情不愿地出山，就任文学掾一职。他的这一出仕经历与阮籍的父亲阮瑀颇为相似。

进入曹操幕下后，司马懿的才智谋略很快使他从众人中脱颖而出，参与了当时曹氏集团的很多重大战略决策，官位屡屡升迁。另一方面，司马懿的雄才大略也引起了曹操的注意和提防。据说曹操曾经梦到“三马同食一槽”(《晋书·宣帝纪》)，就是三匹马在同一个槽里吃食，醒来后心中十分不快。司马懿姓氏中有马字，“槽”谐音“曹”，这不是暗示着曹氏江山要被司马氏吞灭掉吗？曹操本想找借口把司马懿杀掉，怎奈当时的太子曹丕跟司马懿关系很好，多次加以保全护佑。而司马懿也老谋深算，更加勤勤恳恳地为曹操效力，这才终于躲过一劫。

历史有时就是这样的，绕了几个弯儿，还是回到了原来的方向。不管曹操如何梦里有知，多加防范，后来的历史正好应验了曹操的梦境。从曹芳即位开始，司马懿、司马师、司马昭父子三人相继把持曹魏朝政，并最终取而代之，建立西晋，成为名副其实的“三马”。颠覆曹家血汗基业的，正是曹操所征辟重用的，也是曹丕倍加信任的司马懿的后代，这对父子若是泉下有知，不知又当作何喟叹呢？

曹丕称帝后，作为太子党的骨干，司马懿在朝廷中的地位得到进一步的巩固和提升。曹丕逝世后，司马懿受诏与曹真、陈群、曹休共同辅佐魏明帝曹叡。明帝时期，司马懿的军事才能发挥得淋漓尽致，南擒孟达、西拒诸葛亮、东平孙公渊，战功赫赫，成为当时魏国公认的最杰出的军事统帅。另外，这段时期，曹魏的不少元老重臣相继去世，能够与司马懿抗衡的大臣寥寥无几，可以说司马懿的实际地位已经是一人之下、万人之上了。

不过，能成为明帝的顾命辅政大臣，固然荣耀非凡，但对于司马懿而言，并不意味着就可以安享荣华、高枕无忧了。在古代，对臣子最大的忌讳大概便是功高盖主了。曹操当时尚且如此，而今司马懿的权势地位更是今非昔比，这难免不引起曹氏家族的猜忌。出任辅政大臣后，朝廷的政治格局一望便知。虽然在两位辅政大臣中，司马懿以太尉的虚衔屈居次辅，而贵为皇亲国戚的曹爽则官居大将军，掌管最高的军政大权，为首席辅政大臣，但毕竟曹爽资历尚浅，功绩平平，综合而言，实力悬殊，很难与三朝元老司马懿相抗衡。一旦司马懿别有用心，伺机谋反，曹氏江山定然岌岌可危。这是一个失衡的、随时可能发生变故动荡的政治格局。

对于这一格局，曹氏和司马氏家族都心知肚明。不管司马懿对曹氏家族是否真的忠心耿耿，毕竟他曾经支持过曹丕篡汉，难保以后不故伎重演，这些都逼着处于不利地位的曹氏家族加强对司马氏家族的提防戒备。而谨小慎微的司马懿也对自己的尴尬处境了然于胸，为了不引起曹氏家族更大的猜忌，他不得不更小心行事，万不得已，还必须在束手就擒和伺机而动二者之间做出抉择。可以说，当时的朝廷是微妙而敏感的。

刚开始的时候，曹爽和司马懿两位辅政大臣表面上似乎相处得还算不错。曹爽自觉资历平平，而司马懿德高望重，对待司马懿就像对待父亲一样，颇为恭敬客气，朝政大事也不敢独断专行，多有向司马懿请教。而司马懿呢，虽然曹爽只是个初出茅庐、乳臭未干的小子，庸人一个，但毕竟贵为宗亲国戚，又深得明帝的宠爱，便也是礼让三分，谦和柔逊。两个人都不以己贵，不以己尊，一团和气，同心协力辅佐幼帝，赢得了朝野上下的一致称赞。王朝渐渐从痛失明帝的悲哀中回转过来，原来提心吊胆的紧张氛围也缓缓散去，朝臣们期待着幼帝曹芳能够在两位辅政大臣的协助下大有作为，光大曹魏。

然而，虚伪的友好没能持续多久，后来的腥风血雨告诉我们，这不过是暴风雨前暂时的宁静罢了。

初入仕途

正始三年（241），以曹爽为首的曹氏家族和以司马懿为首的司马氏家族，从表面上看依然相安无事。不过这一年，阮籍十几年平淡的归隐生活却有了点小波澜。惊起这层层漪澜的，是太尉蒋济的一封征辟书。

蒋济是曹氏政权的元老旧臣，他文武兼备，智谋过人，很早便是曹操的心腹谋士。文帝、明帝时期，蒋济先后出任右中郎将、中护军等职，手掌重权，成为魏国的重要军事统帅。正始三年，蒋济又被即位不久的新帝曹芳任命为太尉，在朝廷中也算得上是位高权重了。蒋济听说阮籍才华出众、志向高远，便派人去请他来作自己的属官。当时阮籍已经三十三岁了，时不我待，能得到元老蒋济的征辟，无疑是施展抱负的一个大好机会。然而，阮籍却提笔给蒋济写了篇奏记，拒绝了蒋济的一番美意，这就是《辞蒋太尉辟名奏记》。

籍死罪死罪。伏惟明公以含一之德，据上台之位，群英翘首，俊贤抗足。开府之日，人人自以为掾属；辟书始下，而下走为首。

伏惟：古代下对上的表敬之词，常用于句首。

含一之德：纯一高尚的德行。

上台：三公，蒋济是太尉，为三公之一。

抗足：踮起脚来。

开府：成立官署，自选官吏和僚属。汉魏之制，三公及将军都可以开府。

掾属：辅佐主官处理政务的官吏，人员由主官自选，不由朝廷任命。

辟书：征召的文书。

下走：古代自称的谦词，意为供奔走役使的人。

蒋济贵为魏国元老，如果拒绝他的征辟，难免会有损他的声名威望。因此，如何达到拒绝的目的而又不得罪冒犯蒋济，不能不有所讲究。这篇奏记开篇客套性地说自己实在是罪该万死，然后便用溢美之词称赞蒋济德才兼备，广纳众贤，深得士人之心。既然深得人心，似乎阮籍应该接受蒋济的征辟才对。不过，接下来阮籍笔锋一转，写道：

> 昔子夏处于西河之上，而文侯拥彗；邹子居于黍谷之阴，而昭王陪乘。夫布衣韦带之士，孤居特立，王公大人所以礼下之者，为道存也。今籍无邹、卜之道而有其陋，猥见采择，无以称当。方将耕于东皋之阳，输黍稷之税，以避当涂者之路。负薪疲病，足力不强，补吏之召，非所克堪。乞回谬恩，以光清举。

子夏：春秋时期卫国人，孔子弟子，长于文学。

文侯：即魏文帝，战国时代魏的创建者。

拥彗：手执扫帚，为贵客清道，表示对客人的尊敬。

邹子：即邹衍，战国阴阳五行家的代表人物。

昭王：燕昭王，尊贤敬才，邹衍、乐毅等都愿意为其所用。

陪乘：古代乘车，尊者居左，驾车者居中，又一人居右，称为陪乘。

布衣韦带：布衣，粗布衣裳；韦带，软牛皮带。用来形容未仕或隐居人所穿的粗陋衣服。

猥：谦敬词，下对上时用。

输：缴纳。

这里子夏、邹衍两个典故，用得可谓暗藏玄机。魏文帝尊重贤才，亲自为子夏清扫道路；而燕昭王呢，不仅与贤者一道乘车，还甘愿为贤者让出尊贵的车左之位。这表面上是上接前文，赞赏蒋济爱惜尊敬人才，颇具魏文帝、燕昭王风范，实际上则是说自己才能拙劣，没有子夏、邹衍那样的德行，不足以胜任官职，只能当一介布衣，躬耕自养，委婉地表示拒绝。在古代，拒绝上级的征辟，很容易让人以为是上级的德行不够，阮籍运用子夏、邹衍两个典故，称颂蒋济，贬抑自己，这其中的微妙之处，正是为了不引起蒋济的羞愤。

阮籍写完这篇奏记后，亲自送到洛阳城外的都亭，请吏卒转呈给蒋济。蒋济这边呢，他原本担心阮籍不会应辟，毕竟少年有名、胸怀大志却隐居多年，不排除其间有何隐情。后来得知阮籍到了都亭，误以为他已经接受征辟，很是高兴，专门派人去迎接他。没想到阮籍是过来送婉拒的文书的，而人早已经回去了。蒋济看过阮籍留下的奏记，纵然文中清清楚楚地表示，并非蒋济德望不高，而是自己无才无能，但蒋济也不是糊涂人，阮籍早已声名在外，岂是自己自贬两句就能掩饰过去的？蒋济当即大发雷霆，还迁怒于自己的属官王默。这个王默就是阮籍十六七岁那年见过的兖州刺史王昶的侄子，大概是因为王昶曾经面见过阮籍，在决定是否征辟阮籍之前，蒋济特地询问过王默的意见，王默表示阮籍确实才智过人、心存大志，蒋济这才发出征辟令。

王默被逼无奈，只好写信好说歹说规劝阮籍，而阮籍的乡里乡亲、宗族好友也都纷纷过来对阮籍晓以利害。大概是自觉牵动面太广了，阮籍不好再推托，勉强就职，没过多久便告病辞归。阮籍的第一次为官经历就这样大费周折之后，匆匆一过，草草收场了。

阮籍为何要拒辞蒋济呢？这一时期的他并非对政治心灰意冷，而是依然保有少时的宏图大志。大约在正始二年（241）前后，阮籍写了一篇《乐论》。中国自古号称礼乐之邦，乐和礼是中国传统文化的重要组成部分，也是儒家十分关注的内容，战国荀卿所著《荀子》中有《乐论》一篇，后来又被编选入重要的礼学著作《礼记》。传统儒家认为乐与国家政治紧密相关，雅乐即至善至美的音乐能够让人们的心灵得到净化，从而达到移风易俗、稳定政权的作用。阮籍专门写《乐论》来讨论乐的相关问题，而且他主张以礼乐来教化天下，这与传统的儒家乐论一脉相承。这都反映出儒家文化对青年阮籍的影响，以及阮籍对儒家思想的积极回应。另外，明帝曹叡在世的时候，浮华奢靡，沉迷于声色之好，乐和政一度成为当时关心的重要问题，有鉴于此，阮籍的《乐论》也颇有针砭时弊的味道。

阮籍诗中也流露出想要大有作为、扬名后世的热切渴望。他在《咏怀》四十二中写道："王业须良辅，建功俟英雄。元凯康哉美，多士颂声隆。"元，即八元，是上古高阳氏的八个儿子；凯，即八凯，是高辛氏的八个儿子。成就王业需要有可靠得力的臣子，建立功业也要依靠豪情壮志的英雄。上古时期的八元、八凯，他们或忠心淳厚，或恭敬严肃，或慈爱百姓，总之都是德才兼备的人才，也是辅佐王业的好臣子。阮籍诗中说的虽然是遥远的上古时期，其实是借古比今。他从小熟读经书，按照儒家的要求来塑造自己，如今已经成长为一个才能卓著的有为青年，他多么希望自己也能与古人一样生逢其时，遇到真正赏识重用自己的君主，成就一番轰轰烈烈的大事业啊。

也许阮籍还在等待更好的出仕机会，抑或他对朝廷表面相安无事的政局心存警惕，历史幽渺，这些如今我们都不得而知。

阮籍辞官了，一封征辟令惊起的波澜渐渐平息散去，生活又一次恢复了原来平淡如水的状态。只是，阮籍很难想到，这一切只不过是暂时的平静，随着曹爽和司马懿两位辅政大臣矛盾的激化，并未深入仕途的他，竟无端卷入了这场声势浩大、旷日持久的朝廷斗争中，等待他的将是度日如年的无奈和煎熬。

再拒曹爽

在权势和利益面前，一切虚伪的友好、和谐终将褪去它迷惑人心的面纱，露出赤裸裸的血腥与残酷。

作为两大辅政大臣之一，曹爽深知自己的首辅地位不过是凭着先父的功绩和明帝的宠爱获得的，面对功勋显赫、声望卓著的司马懿，他无时无刻不感到巨大的压力。争强好胜乃人之常情，曹爽自然不希望自己被朝臣视为无能之辈，他迫切地希望能提高自己的地位和声望。更何况曹爽和司马懿的较量还关乎着曹氏江山的安危，防人之心不可无，不管司马懿现在的忠心尽职是否出于真心，作为曹氏家族的代表，曹爽都有必要对司马懿有所防范，甚至不断削弱司马懿手中的实权，以减少可能存在的威胁。

为了培植自己的势力，曹爽接连提拔任用了一批曹氏姻亲和同乡旧识。他任命自己的弟弟曹羲为中将军、曹训为武卫将军，其他子弟也多有封官加爵，并允许他们自由出入宫廷，恩宠非常。曹爽还陆续起用了何晏、邓飏、李胜、丁谧、毕轨等人。这些人平时互相标榜、浮华任性，之前明帝曾经加以贬斥。比如，何晏是曹操的养子兼女婿，何晏的父亲早逝，曹操纳其母尹氏为妾，何晏亦被收养，深受曹操宠爱，后来又娶金乡公主为妻。何晏容貌俊美，有“傅粉何郎”之誉，他平时很喜欢打扮修饰自己，装饰用品不离手边，走路的时候还顾影自怜。邓飏为人贪财好色，曾许诺授予臧艾官职，作为回报，臧艾把其父的小妾送给邓飏。因为轻薄浮夸，邓飏后来被明帝罢免官职。曹爽辅政以后，将这些人都收入门下，还委以重任，如何晏、邓飏、丁谧均官以尚书高位。开始的时候，曹爽对司马懿表面上还算恭敬，朝廷中的政事要务也不敢擅自主张。何晏等人入朝为官后，常常劝说曹爽不要把权重之事随随便便地委托给其他人，通过各种方式排挤、压制司马懿，曹爽和司马懿之间的裂缝渐渐变得越来越明显。

正始五年（244），为了在朝廷中树立威信，尤其是凸显自己的军功，曹爽在李胜等人的建议下兴兵伐蜀。司马懿久经官场沙场，对于曹爽所打的如意算盘，当然心知肚明，凭借常年领兵在外的丰富经验，综合考虑当时的战局形势，司马懿认为此时并不适合发起进攻。然而，曹爽不顾司马懿的劝说，坚持出兵，发动了骆谷之役，结果事与愿违，损失惨重。这次军事上的失利，进一步引起了司马懿的不满，也使曹爽和司马懿的矛盾日趋浮于表面。

齐王曹芳即位时，年仅八岁，和明帝之妻郭太后同住。在古代，虽说后宫不能干预政事，但皇帝年纪尚幼，太后的意见难免对皇帝的决策有所影响。在争夺皇帝控制权的过程中，正始八年（247），曹爽听从何晏等人的计策，以曹芳已经成年为由，把郭太后迁至永宁宫与曹芳分居，离别的时候，郭太后与曹芳相对而泣。在此之前，司马懿手中的权力已不断遭到蚕食，官位明升暗降，虽然贵为太傅，手中却并无实权，尤其是军权，但他基本还是采取了隐忍退让的态度。这次郭太后迁居事件，曹爽基本掌控了皇帝，此后又变更人事，更改制度，操纵朝政，无疑将司马懿一步步逼到了边缘和死角。为了不正面和曹爽发生冲突，不久，司马懿声称患有疾病需在家休养，不再参与朝政，其实是韬光养晦，暗中等待时机。

司马懿避朝归家，政治空气骤然间凝重起来。大概在这一年，刚刚任职不久的阮籍也以身体患病为由，辞去了尚书郎一职，回家闲居。关于阮籍这次的出仕始末，由于史料未详，我们依然所知甚少，只知道阮籍与王戎的父亲王浑同任尚书郎一职，并与王戎结为了忘年之交。

在家闲居没多久，阮籍的生活又激起了一朵小水花，这次激起水花的石子依然是一封征辟令。征辟阮籍入官的，正是当时气焰正盛的首席辅政大臣曹爽。不管后来如何在这场朝廷斗争中惨败得一塌糊涂，在那个时候，曹爽确实堪称一人之下、万人之上，这可是比上次蒋济征辟的规格更高呀。曾经的宏图大志依然在心中怦动，面对这样一封曹爽参军的征辟令，阮籍是同意还是拒绝呢？是否要将怀中的这块美玉出售给曹爽呢？阮籍依然给出了否定的答案。他果断地写了封《辞曹大将军辟命奏记》，呈了给曹爽：

违由鄙钝，学行固野，进无和俗崇誉之高，退无静默恬冲之操；猥见显饰，非所被荷。旧素尪瘵，守病委劣，拜谒之命，未敢堪任。

鄙钝：鄙陋愚钝。

固野：固执狂野。

高：高尚的德行。

操：操行。

饰：美饰，指曹爽征辟文书中的褒誉之辞。

荷：承担、承受。

尪瘵：衰弱多病。

委劣：委顿而衰弱。

和写给蒋济的那封奏记不同，这封奏记是开门见山，文书开头就表明了自己拒不赴命的态度。您看，我学识浅陋，愚昧无知，在社会上没有什么响亮的名声，也没有什么高尚的德行，从小体弱多病，这样一个庸俗不堪的人，怎么能够接受您如此重要的征辟呢？阮籍把自己说得如此不堪，跟实际情况相差悬殊，想来是认定这个曹爽不会过于追究自己吧。

昔荣期带索，仲尼不易其三乐；仲子守志，楚王不夺其灌园。贪荣塞贤，昧进负讥，忧望交集，五情相愧。明公侔踪鲁卫，勋隆桓文，广延俊杰，恢崇大业。乞降期会，以避清路。毕愿家巷，惟蒙放许。

五情：指喜、怒、哀、乐、怨五种感情。

侔踪：匹配、并驾齐驱。

鲁卫：鲁为周公旦的封地，这里代指周公旦；卫为康叔的封地，这里代指康叔。二人都是周初卓有成就的重臣，受到孔子的称赞。这里用来赞誉曹爽对曹魏王室的辅政之功。

桓文：桓，齐桓公，春秋五霸中的首位霸主；文，晋文公，春秋五霸之一。

降：罢止。

期会：指谒拜之命。

“昔荣期带索，仲尼不易其三乐”，春秋时期有一个著名隐士名叫荣启期，他平日里生活都是以绳索为衣带。有一天，仲尼也就是孔子游览泰山的时候，见到荣启期穿着鹿皮衣服，弹琴而歌，看起来非常快乐。见到这一情景，孔子十分好奇，便问他：“先生为何这么快乐呢?”荣启期回答说：“我快乐的事情实在是太多了。天地万物，只有人最尊贵，而我生而为人，这是第一件让我快乐的事情；人有男女之别，男尊女卑，人们以能成为男人而感到尊贵，我有幸生为男子，这是第二件让我快乐的事情；有的人还没有看见日月升起沉落，甚至还没有离开襁褓就死了，而我现在已经活到九十岁了，这是第三件让我快乐的事情。”孔子听后，十分感慨地说：“这真是个善于自我宽慰的人啊。”这就是“不易其三乐”的典故。

“仲子守志，楚王不夺其灌园”，仲子，即战国时齐人陈仲子，楚王听说陈仲子是个贤才，想任用他为相。一国之相，可谓位高权重，可是结果呢，陈仲子听从妻子的劝告，甘于贫贱的平民生活，不仅拒绝征辟，还和妻子一起逃避到他乡，靠帮人浇灌田园为生。

显而易见，阮籍用荣期、仲子这两个典故，是希望曹爽能效仿孔子、楚王，不改变他的志向。最后又用周公旦和康叔的典故，赞誉曹爽一定会像先贤一样，辅佐魏室，光大基业。整篇奏记用词虽然谦恭，态度却是拒人于千里之外，而从两篇奏记的措辞、口气等方面来看，这时的阮籍较之以前似乎对从政更加心灰意冷了。

这也难怪，从正始三年到正始九年，短短六年间，朝廷政局可谓风云变幻，一连串的尔虞我诈、变故争斗粉墨登场。对于这一切，阮籍当然是看在眼里，内心也受到了很大的冲击和触动。面对日趋紧张的时局，不管曹爽的这次征辟多么富有诱惑力，也不管它能让阮籍有多大的可能实现曾经的宏图大志，接受都不是个明智的选择。毕竟，连司马懿如此老谋深算的官场宿将都采取了暂时隐退的策略。更何况，曹爽纵然位高权重，但骄奢淫逸，生活腐化，压根儿不是阮籍心中足以平治天下的“良辅”，阮籍拒绝这次征辟也就理所当然了。

事实上，固然心怀不甘，随着政局的日益恶化，阮籍原本为官从政的志向也自觉不自觉地产生了动摇。辞去蒋济的征辟后，虽然隐居在家，阮籍还是对仕途抱有一定的期待。他依然研读儒家经典，关注先贤们治理国家的政治主张。大概在正始五年（244），阮籍写了一篇《通易论》。“通”有疏通、阐释的意思；“易”所指的就是儒家经典之一的《周易》。在这篇阐发论述《周易》的文章中，阮籍对于儒家的政治理想提出了一套自己的观点。而在正始七年（246）左右，阮籍写了另一篇与《通易论》类似的文章——《通老论》。那个曾经“志尚好诗书”、意气风发的少年，如今已开始研究起《老子》了！前面提到过，《老子》所代表的是明哲保身、隐退自守的思想倾向。阮籍研究《老子》，这正是他心迹变化的一个反映和表征。

阮籍果断地拒绝了曹爽的征辟，而曹爽也没有像蒋济一样追究下去，征辟一事最后不了了之。或许曹爽并非求贤若渴，只不过看重阮籍的名声，想借以装点自己的门庭罢了。不久后的事实告诉我们，阮籍的这次拒绝是多么的富有预见性，虽然这个证明来得那么急促，那么血腥、暴力、残忍。

典午之变

就像暴风雨来临前燥热无风的空气，朝廷的气氛压抑得让人喘不过气来，隐约有一股力量不断地聚集生长，蓄势待发。不安、烦闷在士人们心中弥漫郁积，不少士人纷纷辞官归家。

自从司马懿回家休养以后，曹爽基本上掌控了朝政，也更加为所欲为，骄奢无度。他自己的饮食起居都参照皇帝的标准，尚方署的珍宝器玩在家里摆得满满的，明帝宫中的女官也被他私自留用作歌舞乐妓。曹爽还特地建造了一个地下宫室，用漂亮的绸缎装饰起来，经常与何晏、丁谧等人在里面饮酒作乐，朝政大事完全被抛之脑后。

辅政大臣曹爽和他手下的官员奢靡荒淫，而魏帝曹芳也昏聩无能，沉迷于游玩享乐。面对朝政的混乱无章，阮籍忧心忡忡，他在《咏怀诗》其十中写道：

北里多奇舞，濮上有微音。
轻薄闲游子，俯仰乍浮沉。
捷径从狭路，僶俛趋荒淫。
焉见王子乔，乘云翔邓林。
独有延年术，可以慰我心。

北里：古代舞名，商纣王荒淫无度，让他的乐师师延创编了一种非常淫靡的舞蹈，这种舞就称作“北里之舞”。

濮上：濮水的上游，这里主要指卫国的桑间一带。

微音：萎靡不振的音乐，亡国之音。商纣王让乐师师延创作了一种柔弱颓靡的音乐，不久之后，武王伐纣，商朝灭亡，师延自沉于濮水，他所创作的音乐也被视为亡国之音，沉迷于其中的人，国家一定会削弱灭亡。

僶俛：勤勉、努力的意思。

王子乔：古仙人名，即王子晋。相传为周灵王太子，因直谏被废为庶人，喜欢吹笙作凤凰鸣声，后在嵩山修炼，升天而去，故有“王子登仙”之说。

邓林：古代神话传说中的树林，相传夸父与太阳竞走，想追赶上太阳，结果饥渴而死，手中的手杖化为一片树林，这片树林就叫作“邓林”。

阮籍的咏怀诗通常写得比较隐晦，很少直书其事，而是借古讽今，通过评价历史上的故事来表达他对当今朝政社会的意见和看法。如这首诗就是用商纣王荒淫享乐的旧事，表达对曹爽等人一味沉迷于歌舞淫乐、不理政事的不满。以史为鉴，可以知兴替，商纣王当时淫乱无度，喜欢看新奇的舞蹈，听新妙的音乐，结果转眼政权沦亡，如今当朝者的行径别无二致，阮籍怎能不对曹魏命运表示深切的关注和担忧呢？

一支舞、一首曲，阮籍看到了行将没落的曹魏政权。不仅曹爽没有尽到辅政大臣辅佐幼帝的责任，一些平庸无能的臣子也随波逐流、投机取巧，大家一起寻欢作乐、贪图享乐。“轻薄闲游子，俯仰乍浮沉。捷径从狭路，僶俛趋荒淫。”曹爽手下的何晏、邓飏等人都是轻薄浮夸之辈，他们的积极进取只为了寻求个人私利，做官对他们而言，并非安民济世的途径和手段，而成为获取奢华生活的保证和资本。这些人根本不把朝政大事放在心上，也根本没有注意到有人已经对曹魏政权虎视眈眈。

然而，心忧曹魏的阮籍又能有什么办法呢？曹魏政权大势已去，即使阮籍这个时候选择步入仕途，也很难力挽狂澜，更何况现在的朝廷局势，已经是山雨欲来风满楼，具有远见卓识的阮籍也不可能在这个时候，贸然将自己的性命卷入这场前途未卜的政治暗斗中。阮籍能够选择的，只能是处江湖之远，而心挂曹魏，远远地关注着曹魏的命运。这种关切自然是痛苦的，眼睁睁地看着曹魏政权在曹爽等人的荒淫中一天天败坏下去，而自己却无能为力。

面对如此恶俗淫乱的世界，阮籍把希望投向了仙人那里。仙人们超凡脱俗，摆脱了对这个世界的执念，高蹈于风尘之外，不必再忍受这个世界的污浊黑暗。阮籍所处的时代，神仙思想开始盛行，一些人还试图通过服食丹药的方式来成仙，阮籍也多么渴望能从仙人那里得到一丝慰藉和寄托。然而，他又清醒地意识到，“焉见王子乔，乘云翔邓林”，哪里能够看到像王子乔那样的仙人啊？仙人根本是不存在的，成仙避世自然也就成了虚妄。对此，“独有延年术，可以慰我心”，只有苟且延续自己的生命，才能稍稍使我得到些许安慰。

不管像阮籍这样的士人如何忧虑曹魏的命运，曹爽等人歌舞依旧，享乐依旧。当然，狂欢之时，平庸的曹爽也并没有完全对司马懿掉以轻心，他决定想些办法去探探司马懿的究竟。正始九年冬天的时候，河南令尹李胜被任命为荆州刺史。李胜是曹爽的心腹之一，而司马懿曾经镇守过荆州，考虑到这几点，曹爽心生一计。他让李胜以新官到任、向前辈请教的名义到司马懿家里去辞行，借此打探打探虚实。对于李胜此行的目的，久经官场的司马懿自然了然于胸，索性来了个顺水推舟，将计就计。

李胜到了司马懿的家里，面容憔悴的司马懿让两个婢女搀扶着自己出来见客。司马懿缓缓地伸手去拿衣服，结果没拿住，衣服掉到了地上；又用手指指着自己的嘴巴，表示口渴了，婢女给司马懿喂粥喝，粥滴滴答答从嘴边流出来，沾满了前胸。这一切，李胜自然是看在眼里，觉得司马懿病得实在不轻。李胜说，自己就要到荆州去任刺史了，特地过来辞行。司马懿听后对他说："并州这个地方啊，靠近胡地，你要多多加强警备防范。"李胜纠正司马懿说，是荆州，不是并州。司马懿还是假装听不清，李胜又大声说了一遍，司马懿这才装作恍然大悟，说："我年老糊涂，没听清楚您的话。

你调回荆州，正是建功立业的好机会呢。”临别之际，司马懿还推心置腹地嘱咐李胜，要他好好照顾自己的两个儿子司马师和司马昭。

司马懿这时已经年过七十，杜甫曾说，“人生七十古来稀”，在古代，能活到七十多岁的高龄是很少见的，加上司马懿逼真的演技，李胜果然信以为真，认为司马懿是个行将就木的人了。李胜回来把情况报告给曹爽，说司马懿只比活人多一口气，形体和精神已经离散，不值得担心了。曹爽听了李胜的话，很是高兴，从此放心地狂欢作乐，对司马懿再也不加戒备。他们哪里知道，“重病在身”的司马懿正在紧锣密鼓地暗中谋划着政变，这将是他们最后的狂欢。

正始十年（249）正月，魏帝曹芳到洛阳城外祭扫先帝曹叡的陵墓高平陵，大将军曹爽、中将军曹羲、武卫将军曹训、散骑常侍曹彦及大小官员一同护驾随行，洛阳城内守备空虚。早在此前，曹爽和几个兄弟一起出外游猎，大司农桓范就一再提醒他们：“你们总领国家军政大事，不适合一同离开京城。倘若有人作乱，关闭城门，你们谁还能再进来？”曹爽不以为然，骄横地说：“谁有这么大的胆量！”结果不幸被桓范言中了。

装病在家的司马懿见曹爽等人出城，认为发动政变的时机已经成熟，立即假借皇太后的名义下令关闭各道城门，率兵抢占武库，调集军队出城屯守洛水浮桥；又命令司徒高柔持节代理大将军职事，占据曹爽营地；太仆王观代理中将军职事，占据曹羲营地。很快，司马懿就控制了整个洛阳城。随后，司马懿上书魏帝曹芳，谴责曹爽违背明帝遗诏，专权乱国，有无君之心，并陈述郭太后的命令罢免曹爽等人的官职，收回兵权。另一方面，司马懿又派侍中许允等劝说曹爽等人早日归降服罪，许诺他们仅仅是免官而已，绝无性命之忧，各自以列侯身份回到府第，仍可享受荣华富贵。

司马懿起兵之时，桓范冒死谎称受到皇帝召见，夺门而出，直奔高平陵。他苦苦劝说曹爽挟持天子到许昌，再调集四周的兵马重整旗鼓。曹爽犹豫不决，桓范多番劝说，还是不置可否。曹爽几个兄弟沉默不语，从初夜一直坐到五更天亮，这时曹爽忽然把刀往地上一扔，说："即使投降，我仍然不失为富贵人家。"桓范一看曹爽毫无进取之心，失声痛哭道："曹子丹（曹爽父亲曹真的字）这样的英勇多谋之人，怎么生下你们这群如猪如牛般的兄弟！想不到今天受到你们的连累，要被灭族了！"

司马懿得知桓范假诏出城后，跟太尉蒋济说："曹爽的智囊去了。”蒋济回答说：“桓范是很有计谋的，但曹爽就像劣马一样，惦记着的只是马房里的草料，一定不会听从桓范的计策。”结果正如蒋济所言。

曹爽贪恋一时的荣华富贵，放弃抵抗，请魏帝曹芳罢免自己，并侍奉皇帝回宫。曹爽兄弟回到各自府第后，便被司马懿派兵日夜把守监视，失去了自由。老辣的司马懿岂肯就此罢休，他的目的是斩草除根，不留后患。当初为了说服曹爽归降，指洛水为誓，保他无性命之忧，不过是权宜之计罢了。如今，曹爽已经罢了兵权，俨然就是砧板上的鱼肉，任人宰割，而司马懿则是大权在握，要罗织罪名，简直易如反掌。不久，在严刑拷问之下，与曹爽关系密切的朝中侍从张当供称曹爽等人试图谋反。司马懿随即以大逆不道的罪名，将曹爽、曹羲、曹训、何晏、邓飏、丁谧、毕轨、李胜、桓范等人斩首，并诛灭三族。

这就是著名的高平陵事变，又称作典午之变。司马懿不出手则已，一旦出手，心狠手辣，毫不留情，大量曹氏宗亲及相关士人在这场政变中丧生，一时血流成河，天下“名士减半”(《汉晋春秋》)，人心为之战栗。典午之变是曹魏一朝历史的转折点，曹爽集团在这次政变中遭到了毁灭性的打击，从此司马氏父子权倾朝野，把持朝政，曹氏政权名存实亡。

这场血腥的杀戮距离阮籍拒绝征辟才一年多的时间，试想，如果当时阮籍接受了曹爽的任官，难保不卷进这场牵连甚广的政变中。正因为如此，曹爽被诛杀后，“时人服其远识”(《晋书·阮籍传》)，当时人都对阮籍的远见卓识佩服不已。

只是对阮籍而言，这个推断的应验无疑过于惨痛沉重了。《晋书·阮籍传》说：“籍本有济世志，属魏晋之际，天下多故，名士本有全者。籍由是不与世事，遂酣饮为常。”阮籍本有济世安民的宏图大志，无奈他生逢魏晋禅代的黑暗时代，司马氏和曹氏家族为了一己私利钩心斗角、机关算尽，不少士人在这一连串的斗争中丧失了性命。孔子虽然一生都在坚持不懈地“待贾而沽”，但他也说过：“危邦不入，乱邦不居。天下有道则见，无道则隐。”(《论语·泰伯》)意为不去危险的国家，不在混乱的国家居住，国家政治清明，就出来实现自己的抱负，国家政治黑暗就隐退。如果说魏文帝、明帝时期，朝政还算相对稳定的话，而在正始十年的这场政变中，司马氏为了争夺曹魏政权，大肆打击魏党，残杀异己，天下人心惶惶，胆战心惊。面对这样一个时代，要实现自己的人生抱负，无异于比登天还难，甚至还可能会有性命之忧。

曾经的梦想恍如隔世，不管阮籍是多么的执恋不舍，现在都该是避世隐退的时候了。他整日手不离杯，畅怀大饮，直把自己喝得伶仃大醉、烂醉如泥，一切只为忘却，只为逃避。

更令人同情慨叹的是，阮籍即将面临的是一个求退隐而不得的时代，因为司马氏父子容不得士人对政治采取沉默回避的态度，曹氏集团和司马氏集团，二者必选其一。身份特殊的阮籍更是如此，阮籍的父亲阮瑀曾经在曹操门下任官，与曹氏集团有着门生故吏的关系；同时阮籍声名显赫，虽然在仕途上没有什么建树，他的去留态度却对当时的士人有着不小的影响。基于这些原因，阮籍自然成为了司马氏考察拉拢的重点对象。

典午之变不久，司马懿即任命阮籍为自己的从事中郎。司马懿这个时候征辟阮籍，无疑是趁热打铁，要试试自己的威信。

这实在是个简单而又艰难的抉择，一边是父亲阮瑀曾经效力过的曹氏家族，而且父亲病逝后自己还曾受到过曹丕等人的照顾和关怀；一边则是通过政变执掌朝政的司马氏家族。从感情上讲，对于曹氏家族，阮籍不能不心存眷恋，如今亲眼目睹曹氏家族腐败无能、大权旁落，更是满心忧伤；而从现实情势来看，司马氏对于不依附自己的士人大肆打击，即使同情曹氏家族，阮籍也不得不加以掩饰隐藏，内心的煎熬苦楚可想而知。

如果可以选择，阮籍多么想同以前蒋济、曹爽的征辟一样加以拒绝，隐居田间，布衣终身。既然现实已无法给予阮籍施展抱负的舞台，那么干脆就远离政坛，“遗落世事”（《晋书·阮籍传》）吧。面对司马懿的淫威，阮籍打心底里采取的是不合作的态度。阮籍本来就不慕荣华富贵，如今时局险恶，对从政为官的态度也就更加冷淡黯然了。

咏怀（其六）

昔闻东陵瓜，近在青门外。
连畛距阡陌，子母相钩带。
五色曜朝日，嘉宾四面会。
膏火自煎熬，多财为患害。
布衣可终身，宠禄岂足赖。

东陵瓜：秦代末年的东陵侯邵平，在秦灭亡后沦为平民，因为生活贫困，靠在长安城东门外种瓜为生，他种的瓜色味佳美，人称东陵瓜。

青门：即汉代长安城东面南头的第一个城门霸城

门，它的颜色是青色的，也称为青门。

畛：田地里的埂界。

距：至，达到。

钩带：互相连缀、钩连在一起。

五色：相传东陵侯种出来的瓜有五种颜色。

阮籍的诗很多是从历史故事说起，通过评价它们来表明自己的态度取向。这一首也不例外，整首诗由东陵侯种瓜的故事衍生而来。诗意为：我曾经听说过东陵瓜的故事，东陵侯邵平在秦灭亡后，在长安城以种瓜为生，他种的瓜真是又多又美啊：一畦接着一畦，一片连着一片，一直延绵到路边；结的瓜又多又盛，大大小小的瓜果连缀在瓜蔓上，相互钩连缠绕；瓜的颜色也美极了，五彩缤纷的颜色在清晨阳光的照耀下更加夺目生辉；瓜的味道十分甜美，买瓜的人从四面八方聚集到这里来。东陵侯实在是种得一手好瓜呀，他现在虽然地位卑贱，失去了之前秦朝东陵侯的爵位，但靠着自己勤劳的双手，种瓜为生，生活不也过得很好吗？生活幸福与否和官位没有必然的联系，这是阮籍从一个简简单单的东陵瓜中悟出的道理。

不仅如此，过分执迷于追求功名利禄，还可能招致祸患。“膏火自煎熬，多财为患害”，你看那火光中的膏油，不是自己煎熬自己吗？一味地追求富贵，也会给自己造成祸患和灾害。历史上因刻求功名利禄而身死名灭的人，并不鲜见，阮籍在《咏怀》十三中就曾感慨“李公悲东门，苏子狭三河”：李斯追求荣华富贵，结果腰斩咸阳；苏秦也是迷恋于达官显贵，落到被刺客刺死的下场。如今，政局焦灼不安，这时求名逐利更非明智的选择。“布衣可终身，宠禄岂足赖”，司马懿得势后，一些人攀炎附势，趋之若鹜，而阮籍则是十分清醒，有鉴于“膏火自煎熬”的自然现象，深知恩宠和禄位都是不足以依赖的，只有安贫乐道的布衣生活才可以确保自己的安全。

这首诗一正一反，通过东陵侯种瓜得以安度终身与“膏火自煎熬”的现象作对比，最后道出阮籍自己的态度抉择也就水到渠成了。是啊，面对如此紧蹙不安的时局，没有什么比布衣终身更好的选择了，如果可以，阮籍一定会坚定地避世隐居。

只是，这是一个由不得士人自己做主的时代。这次征辟的主角是觊觎曹魏的司马懿，一切的沉默退隐都会被视为忠于曹魏的代名词，并因此招致残酷的打压。如果士人坚持辞官隐居，或者征辟不就，很可能要付出生命的代价。这个时代，布衣终身不再是远离祸患的有效途径，而是可能招致杀戮的导火索。

这一次，阮籍没有拒绝，也不能拒绝。尽管内心痛如刀绞，富于“远识”的阮籍清醒地知道，这一次他已经无处可逃。“多财为祸患”，如果把“财”看作“才”的双关语，这正道出了阮籍处境艰难的原因之一。别人是为财所累，而阮籍则是为才所累，恰如他的父亲阮瑀当年一般。如果他没有这么大的才情，以及随之而来的声名，大概也不会成为司马懿征辟的重要目标吧。这一次，田园不再能为阮籍提供一个安全的庇护所，为了避祸全身，阮籍违心地接受了司马懿的征辟，作了他的从事中郎。从此，与司马氏周旋敷衍成为阮籍晚年生活的基调。

第三章，竹林之游

山阳嘉竹

你一定知道高山流水的故事吧。先秦时期的伯牙是一个琴技高妙的琴师，有一次他在野外弹琴，一曲终了，旁边一个路过的樵夫钟子期感叹说，弹得真美妙啊。伯牙的琴声刚流露出攀登大山的志向，钟子期便说："好像泰山一样巍峨高大。"过了一会儿，琴声变成了奔流不息的流水，钟子期又赞叹说："好像浩荡澎湃的江水。”不管伯牙如何变幻曲调，钟子期总能领会到琴声中的意境，两人便相约明年此时再见。第二年，伯牙如约而至，钟子期却不幸去世了。伯牙悲痛欲绝，以琴祭友，琴断弦绝，从此终身不再弹琴。

人生在世，能遇到一个志趣相投、洞悉你内心的知音，实在是太难太难。南朝齐时的刘勰在《文心雕龙》里曾经说过：“知音其难哉！音实难知，知实难逢，逢其知音，千载其一乎！”音乐实在难以知晓，知音实在难以遇到，能够碰到自己的知音，大概千年会有一个吧。“千载”，如此漫长浩渺的时间长河，“一”，数目又是如此之小，尽管如此，是否能够于“千载”之中寻求到这个唯“一”，仍是个未知数，所以刘勰也只能用推测的语气说，“其一乎”？在这个世界上，不管如何艰辛困苦，能够得到一个知己，有这样一个跟自己心灵相通的人，也就知足了。

阮籍是不幸的。他少年博览群书，才智出众，意气风发，胸怀大志，渴望平定天下，建功立业。然而，曹魏在经过文帝、明帝短暂的稳定发展之后，到了废帝正始时期，政局开始变得动荡不安，血腥残酷的典午之变预示着此后的曹魏政权实际已经名不符实。当权谋政治露出了它粗糙野蛮的面目时，一切梦想都随着这场屠杀而淡漠冷却、烟消云散。生逢乱世，阮籍找不到一个人生的出口，时代无法给他提供一个实现抱负的出口。

然而，从某种程度而言，阮籍又是幸运的。因为在这个黑暗惨痛的时代，阮籍并不是一个孤立的存在。尽管有不少人在曹氏家族和司马氏家族的争斗较量中或首鼠两端，或落井下石、攀附权势，依然有一些士人同阮籍一样，不愿卷入这场政治的漩涡中，坚持自己的独立品格。同阮籍一样，这些人也深感时代的压抑，也希望能有某种途径宣泄心中的郁闷和不满。在阮籍开始他日趋绝望惨淡的后半生时，他和这样的一些人相遇了。

河内郡山阳县（今河南焦作、修武一带）距离阮籍的家乡陈留尉氏县不远。这里地处太行山南麓，山水可人，林木苍郁，姿态各异的瀑布从崖壁奔流而下，更有绵亘不断、茂密青翠的大片竹林，景色幽静雅致，十分秀美。阮籍常常和他的这些朋友们悠游于竹林之下，纵情洒脱、放浪不羁，一起纵酒言欢，一起弹琴游乐，一起赋诗清谈。尽管他们的性格、志趣以及后来的人生走向都不尽相同，但在这个时候，他们确实是可以彼此依偎、相互倾吐的知己。也许他们相遇时心情悲凉而沉重，也许他们酒中作乐不过是强颜欢笑，这些都已不重要，他们的相遇注定要在历史上留下浓墨重彩的一笔。

是的，这便是颇为后人津津乐道的竹林之游的故事。

当时参与竹林之游的士人想来人数不少，不过核心人物一般认为只有七个，因为这段不同寻常的交游经历，这七人便被后人称之为“竹林七贤”。除了阮籍以外，还有山涛、嵇康、刘伶、向秀、阮咸、王戎六人，其中，又以阮籍、嵇康为“竹林七贤”的核心人物。

提起嵇康，最为后人悲慨的大概便是他的那一曲广陵绝响了。嵇康，字叔夜，生于魏文帝黄初四年(223)，比阮籍小十三岁。嵇康的先辈本来姓奚，会稽人，为了躲避仇怨，迁居到谯郡铚县（今安徽宿州市西南），改姓为嵇。嵇康的祖上没有担任什么显赫的官职，不过同阮籍的家族一样，也是世家儒学，有着比较深厚的文化传统。阮籍三岁丧父，而嵇康更为不幸，还在襁褓中时就遭父丧，由母亲和兄长抚养长大。母兄对嵇康十分疼爱，甚至到了溺爱的程度，嵇康曾在《与山巨源绝交书》中说：“少孤露，母兄见骄，不涉经学。”要知道在古代，以儒家经典为主的经学基本是士人的必读之物，嵇康没有被母兄逼着钻研经学，可见他们对嵇康的包容了。虽然没能接受父亲的教诲，嵇康也是幼年聪慧，博览群书，尤其喜欢《老子》《庄子》之类的道家著作，这对他后来的人生产生了重要的影响。

嵇康博洽多闻，多才多艺。他写得一手好文章，能咏诗作赋，文学修养高；通音律，擅长琴艺，创作有琴曲《风入松》，所作《长清》《短清》《长侧》《短侧》四曲，被称作“嵇氏四弄”，与蔡邕的“蔡氏五弄”合称为“九弄”，隋炀帝时曾将弹奏“九弄”作为取仕条件；又兼通书法与绘画，唐张怀在《书法会要》中对他的草书推崇备至，评为古今草书第二，仅次于有“草圣”之誉的东汉书法家张芝。不仅如此，在当时，嵇康还是个十足的美男子：他身长七尺八寸，高大魁梧，而且风姿翩翩，容止出众，虽然平时不太注意打扮，也丝毫不影响他美誉在外。《世说新语·容止》记载山涛赞誉嵇康说：“嵇叔夜之为人也，岩岩若孤松之独立；其醉也，傀俄若玉山之将崩”；刘孝标注引《嵇康别传》也说：“康长七尺八寸，伟容色，土木形骸，不加饰厉，而龙章凤姿，天质自然。”他平时不修边幅也潇洒英俊，就连喝醉时的醉态也是如玉山将倾，其风度气质堪称绝伦。

在与哥哥嵇喜的对比中，更见时人对嵇康学识风度的称赏。嵇喜热心功名利禄，而嵇康则淡泊名利，无心于进取为官。嵇康有一个知己好友，名叫吕安，两人关系十分要好。“每一相思，千里命驾”，说的就是嵇康与吕安的故事，虽然相距甚远，每当想念对方时，常常不远千里前来拜访。有一次，吕安来看望嵇康，恰逢嵇康出门在外，嵇喜出来迎接。没能见到嵇康，吕安也不进门，二话不说在门上题了一个“鳳”字便走了。嵇喜看后很高兴，以为是夸奖他，凤可是百鸟之王啊。殊不知其实是在讽刺他，因为“鳳”字拆开便是“凡鸟”二字，这便是“吕安题凤”的故事。

大约在二十五六岁，也就是正始末年的时候，嵇康迎娶沛穆王曹林之女长乐亭主为妻。曹林是曹操的第十个儿子，所以这门婚事其实是与曹魏宗亲联姻。从这个角度而言，嵇康与曹魏政权的关系与比阮籍更为密切，也意味着在日后司马氏篡权曹魏的过程中，嵇康要受到更为严酷的打击。在与长乐亭主成婚前后，嵇康担任过郎中、中散大夫等官职，不过他生性淡泊，不慕荣利，宁愿与向秀在洛阳靠锻铁为生，也不愿急于进取。况且，曹魏和司马氏的矛盾日益激化，嵇康自然更加无心仕途，没多久就辞官归家了。大概是倾心于山阳的秀美山川，后来嵇康干脆从洛阳移居到山阳隐居。对嵇康而言，当时移居山阳或许仅凭一己之好，不过这一偶然的个人决定，即将开启魏晋历史的一个重要时刻。作为核心人物之一，嵇康的到来，拉开了日后竹林之游的序幕。

在“竹林七贤”中，要数山涛的年纪最长。山涛，字巨源，河内怀县人，也就是今天的河南武陟人。生于建安十年（205），长阮籍五岁，长嵇康十八岁。山涛的父亲山曜曾经做过宛句的县令，是当时有名的清官。山曜有个表妹也就是山涛的表姑叫张春华，是司马懿的原配夫人，即司马师、司马昭的母亲，所以山涛和司马氏家族也算是沾亲带故了。和阮籍、嵇康一样，山涛同样是幼年丧父，家境贫寒，少年生活过得很是凄苦艰难。大概是由于这段经历，山涛对功名利禄有比较强烈的追求和渴望，他曾经对他的妻子韩氏半开玩笑、半正经地说：“娘子啊，你暂且忍受一下现在的饥寒吧，我日后定当位列三公，只是不知道到时候你能否做得来三公夫人呢。”

山涛年少时就表现出不同常人的器量风度，而且酷爱学习，博观群书，除儒家经典之外，《老子》《庄子》等书也都有所涉猎。他热衷名利，但在很长一段时间都是隐居乡间，以掩饰自己的志向才能。直到正始五年（244）四十岁的时候，他才开始步入仕途，做了郡主簿、功曹、上计掾等官，后来又举孝廉，担任河南从事。山涛出仕以后，先后结识了嵇康、阮籍等人，并将嵇康、阮籍视为至友。《竹林七贤论》形容这三个人的相遇说："山涛与阮籍、嵇康皆一面而契若金兰。涛妻韩氏尝以问涛，涛曰：'当年可为友者，唯此二人耳。'"屈原《九歌·少司命》里说："乐莫乐兮新相知。"人生最快乐的莫过于刚刚结识了一个新友，而这个新友和自己心灵相通、气质相合，虽为新识，却胜于故交。山涛、阮籍、嵇康的相识便是如此，只凭着最初的那一面，就彼此以知己相待，身处纷乱的魏晋之际，这份相遇更显得珍贵、难得。

嵇康视阮籍、山涛又何尝不是如此呢？无名氏《晋书》言："嵇康以高契难期，每思郢质，所与深交者，唯阮籍、山涛，遂为竹林之游，预其流者，向秀、刘伶、阮咸、王戎。"郢质，是《庄子·徐无鬼》里的一个故事，说郢地有一个技术高妙的匠人，能够用斧头把人鼻端的白粉削除而不砍伤他的鼻子，宋元君听说后，把匠人找来表演给自己看。匠人说："我曾经可以做到，不过跟我合作的那个人已经去世很久了，自从他去世以后，我已经无以为质，再也做不到了。"郢质由此便被用来形容契合无间的知音。嵇康才气高妙，很少与人神交，却把阮籍、山涛视为郢质般的至友。虽然嵇康后来听说山涛要推荐他做官，认为山涛玷污了自己，一怒之下写了一篇《与山巨源绝交书》，不过嵇康临终托孤之人，正是他宣称要绝交的山涛。山涛也没有辜负嵇康的托付，竭力照顾他的弱子嵇绍，后来还推举嵇绍为官，尽到了朋友之义。

“竹林七贤”之一的刘伶，以他的嗜酒如命而闻名。如今，刘伶俨然已经成为好酒的标志，名酒刘伶醉便是以他的名字命名的。刘伶，字伯伦，沛国（今安徽淮北市濉溪县）人，比嵇康大约两岁。刘伶身材矮小，且容貌奇丑，不过他性情豪爽，胸襟开阔，不拘小节，所以娶到了一个很关心他的妻子。刘伶平时沉默寡言，不随便与人交游，对人情世事也不怎么关心，后来遇到了阮籍、嵇康，很是投机，高兴得有说有笑，这位酒仙就这样加入了竹林之游的行列。

向秀，字子期，也是河内怀县人，跟山涛是同乡，比山涛小二十二岁。向秀无心仕途，隐居读书，尤其喜欢钻研老庄之学。他所作《庄子注》，颇为时人所推崇。吕安见后曾慨叹“庄周不死矣”(《向秀别传》)，以为深得庄周精髓。向秀年轻时就以文章俊秀而闻名乡里，山涛钦佩向秀的学识，二人很早便结为忘年之交。向秀和嵇康的关系也很要好，怀县与山阳邻近，彼此往来十分密切。嵇康喜欢锻铁，常常在自家门前的大柳树下打铁自娱，向秀看到后随即加入进来。嵇康掌锤，向秀鼓风，二人配合默契，旁若无人，自得其乐。同时，向秀还经常与嵇康的好友吕安一起给别人灌溉菜园子。打铁和灌园所得，便被他们用来补贴家用，置办酒食，或者用作出游之资，兴致所至，不计远近，好几日才返回。几人锻造灌园的故事，成为一时佳话。

阮咸，字仲容，是阮籍兄阮熙之子。在“竹林七贤”中，阮咸年龄比王戎稍长，是第二小的。阮咸生性放诞，不拘礼法，前面提到的“阮咸曝裈”“未能免俗”，说的就是他的故事。阮咸的纵情越礼比阮籍有过之而无不及，甚至达到了惊世骇俗的程度。阮咸很早就喜欢姑母家的一个鲜卑婢女，在居母丧期间，姑姑家要迁到一个很远的地方去。起初姑母答应把这个婢女留下来，可临走时还是带走了。阮咸听说后，向客人借了头驴，穿着丧服就追出去了。追上之后，两人就一块儿骑着驴回来了，阮咸还说：“人种不可失。”这个婢女就是阮孚的母亲。因为这事儿，时人为之哗然。不过，放诞不拘之外，阮咸也是个颇有才艺之人。精通音乐，大概是阮氏家族的传统，阮咸也不例外，尤其擅长弹奏琵琶。乐器阮咸是琵琶的一种，据说其得名就是因为阮咸十分善于弹奏这种乐器。大概因为叔叔阮籍的缘故，阮咸虽为后辈，也参与了竹林之游，想必他的阮咸也给当时的清游助兴不少吧。

在“竹林七贤”中，王戎的年纪最小。王戎，字濬冲，琅琊临沂（今山东临沂）人，生于魏明帝青龙二年（234），小阮籍二十四岁，小山涛近三十岁。琅琊王氏是当时的名门望族，王戎的祖父王雄，官至幽州刺史，父亲王浑官至凉州刺史。王戎自幼聪慧，虽然身材不高，相貌平常，但神采清秀，颇有灵气。正始年间，阮籍与王浑同任尚书郎一职，由此结识了王戎。阮籍每次去拜访王浑的时候，刚一落座，便说：“跟你说话，还不如跟阿戎说话。”然后就去王戎的居所，总是到了傍晚才回来。那个时候，王戎大概才十五岁，便和阮籍结成了忘年之交，后来又与阮籍等人流连于竹林。有一次清游王戎来晚了，阮籍开玩笑说：“俗物又来败坏我们的兴致。”王戎一点也不觉得不好意思，而是笑着反问道：“你们的兴致也太容易败坏了吧。”可以想见，竹林之游也不乏轻松调侃。

修竹苍翠挺拔，清流泛着微波，竹林中传来婉转的鸟鸣。一阵风过，沙沙的竹叶声是那么清新迷人，正好和着弹琴拨阮。在那个日趋压抑窒息的年代，这里成了阮籍他们心灵的庇护地，在竹林和知己把酒清谈，时局的紧促急迫都暂时忘却了吧。

开怀畅饮

竹林清游，酒自然是必不可少的。魏晋时代，士人好酒是出了名的。鲁迅先生在《魏晋风度及文章与药与酒之关系》这篇文章里，甚至把酒作为魏晋文化的一个重要组成部分，酒对时人的意义可见一斑了。

“竹林七贤”几乎个个好酒，而且每个人的酒品、酒量、酒态也不尽相同。说到好酒，自然还得从嗜酒如命的刘伶说起。刘伶的善饮、豪饮举世无双，堪称中国古代的“醉星”，“杜康造酒刘伶醉”早已成为一个经典。饮酒能饮到这个份儿上，也算对得起那些美酒了。

刘伶平时少言寡语，唯以饮酒为乐事。他常常带着酒，乘着鹿车出游，而且命人拿着铁锹跟在后面，嘱咐说：“如果我醉死了，就地把我埋掉。”刘伶的嗜酒颇为妻子头疼，多次劝其戒酒，刘伶总是出尔反尔。有一次，刘伶的酒瘾又犯了，跟妻子讨酒喝。妻子一怒之下，把酒全倒掉，把酒器也都砸坏了，哭着劝刘伶说：

“夫君喝酒喝得太多了，不是保养身体之道，一定要戒掉。”刘伶说：“好啊，不过我自己不能控制自己，只有当着鬼神发誓才可以，你这就去给我备些酒肉来。”妻子听后信以为真，很快摆好了酒肉。只见刘伶跪到地上祝告说：“刘伶天生嗜酒，只有喝酒才能解我的酒醉，妇道人家的话，可千万不要听啊。”说完，就喝起酒吃起肉来，结果又醉得一塌糊涂。

刘伶性情旷达，不为礼教所拘，醉起酒来，更是如此。他醉酒之后，常常把身上的衣服脱光，裸体在屋子里一边唱歌一边晃来晃去。一天，有人去拜访刘伶，见他如此模样，实在看不下去了，就讽刺说：“你也是礼教中人，这等行径实在有失体统。”刘伶听后，醉眼一翻说：“我以天地为房屋，以房屋为衣裳，你怎么跑到我裤子里来了？”他还写了篇《酒德颂》，更是对当时的礼法之士极尽揶揄嘲讽，宣扬自己自然任情的处事方式，成为千古名篇。

正是因为刘伶嗜酒，后人创作的《竹林七贤图》中，刘伶一定是个“酒鬼”的形象，或手持酒杯，或以手蘸酒。刘伶如果泉下有知，看到自己这副模样，一定会欣然而笑吧。

阮籍也是个十足的酒徒，《晋书·阮籍传》说他

"嗜酒能啸"，尤其是司马氏政变把持朝政以后，更是"酣饮为常"。饮酒、醉酒是阮籍常用的解愁方式，更是避祸的有效手段。面对不得不出仕为官的艰难处境，阮籍后来特地向司马昭求得步兵校尉一职，原因正是听说当时军营的厨房里有很多美酒，而且厨师很擅长酿酒。又有一次，阮籍听说司马昭要为他的儿子司马炎向自己的女儿求婚，心中很是不愿，但又不敢直接拒绝，于是与酒为伴，天天酣饮，一醉就是六十多天。司马昭始终找不到开口的机会，只得作罢。在那个敏感的时代，某个随意言论都可能招致祸患。依附于司马氏集团的钟会，多次故意询问阮籍关于时事的看法，想借此罗织阮籍的罪名。好在阮籍酣醉为常，小心谨慎，"口不臧否人物"(《晋书·阮籍传》)，不评论人物是非，才得以逃脱小人的陷害。酒逢知己千杯少，茂林修竹，曲水流觞，和嵇康等志趣相投的人同游，阮籍终于可以暂时卸下防御之心，开怀畅饮了。

阮籍的侄子阮咸也是极爱酒的，他平时落落寡合，不随意与人交游，只和自己的亲人、知己弦歌酣饮。阮咸颇喜豪饮，用来饮酒的器具不是普通的杯、盏，而是大盆。饮起酒来，当然也是酣畅淋漓，不甚讲究。有一次，阮咸和族人一起聚众饮酒，突然一群猪跑过来，挤在盆边抢着喝酒。阮咸见了，也不轰赶，而是毫不在意地与猪同盆共饮。竹林酒宴，群贤毕至，阮咸自然是不肯错过的，说不定还会带着他的专用大盆一道前来呢。

“竹林七贤”的老大山涛饮酒更有一绝。山涛酒量不小，喝到八斗才醉，大概是不喜欢自己醉酒，再美的酒，平时喝到八斗就立刻停杯罢酒了。有一次皇帝请山涛喝酒，为了验证山涛的八斗之量，让人拿出八斗酒给山涛喝，但私底下趁山涛不注意时命人偷偷多加了一些酒进去。山涛喝足八斗，就再也不喝了，皇帝连连称奇。这就是“八斗方醉”的故事。竹林酣饮，觥筹交错，想来山涛是最适可而止的那位，也是最不会显露醉态的那位吧。

说起醉态，大概要数嵇康这位美男子最具风韵，“其醉也，傀俄若玉山之将崩”(《世说新语·容止》)，醉了的时候，宛若高大巍峨的玉山将要倾倒，那么神情爽朗、风姿特秀。嵇康好酒，常常和向秀将二人锻铁所得拿来置办酒食，锻两下铁，饮两杯酒，这种隐居避世的日子简单而可爱。虽然好酒，嵇康可不像刘伶一样成天烂醉如泥，因为重养生的他也知道，过度饮酒对身体有害无益。嵇康曾在《秋胡行》中说：“酒色何物，今自不辜。歌以言之，酒色令人枯。”纵酒伤身，所以他平时饮酒也就比较有节制。

嵇康有一首《酒会诗》，很可能就是描写当时“竹林七贤”聚会饮酒的情景。诗云：“乐哉苑中游，周览无穷已。百卉吐芳华，崇台邈高跱。林木纷交错，玄池戏鲂鲤。轻丸毙翔禽，纤纶出鳣鲔。坐中发美赞，异气同音轨。临川献清酤，微歌发皓齿。素琴挥雅操，清声随风起。”你看，百花绽放，林木苍翠，鱼儿潜游，雁鸟高翔，放眼望去，心旷神怡，多么美妙的自然景色啊！轻巧的弹丸击落了飞鸟，细细的钓丝钓出了大鱼，引来同伴齐声叫好。大家举杯欢酌，皓齿高歌，优美的琴声从琴弦上流淌而出，又随着清风飘散而去。山水相伴，琴酒相随，携友畅游的欢愉之情溢于言表。这应该便是竹林之游的一个缩影吧？

手挥五弦

正如嵇康《酒会诗》中写到的一样，“竹林七贤”虽然个个好酒，肆意酣畅，可是饮酒却不是竹林之游的唯一活动。此等佳境，此等兴致，自然少不了轻拨琴弦，高歌一曲了。除了以酒会友，以乐会友也是中国古人交游待友的一大传统，而“竹林七贤”可谓将这一文化传统发挥到了极致。对于任情放达的“竹林七贤”而言，能够携手同游，乃是因为彼此情性相投，堪称知己。知己者，知音也，“竹林七贤”中擅长音乐的也不少，这种场合，当然要助兴一曲啦。

阮籍擅长的乐器是古琴，《晋书·阮籍传》说：“嗜酒能啸，善弹琴。”在古代众多的乐器中，士人对琴一向情有独钟。从诞生高山流水遇知音这一典故的先秦时期开始，琴这一中国古老的乐器，就寄托了古人太多对于知己、情怀、抱负的追求与渴望。也正是因为如此，不愿为五斗米折腰的陶渊明，虽然不解音律、不会弹琴，也会别出心裁地在自己的房间里摆放一张无弦琴。没有琴弦，没有琴音，但琴意犹在，琴趣犹在。

也许少年时代的阮籍拨弄琴弦只是简单的自娱自乐，而随着世事变迁、时局恶化，琴对阮籍而言，已经具有了更为深沉的意义。口不能针砭时弊，无处言说，唯有纵情于酒、寄情于琴，琴与酒是阮籍逃离现实世界的一个出口，他把自己的苦闷迷惘都寄托在这纤细的琴弦上，排遣在这杯杯美酒里。阮籍的《咏怀》组诗八十二首，开篇即有琴的身影。

咏怀（其一）

夜中不能寐，起坐弹鸣琴。
薄帷鉴明月，清风吹我襟。
孤鸿号野外，翔鸟鸣北林。
徘徊将何见，忧思独伤心。

鉴：照着。

孤鸿：失群独飞的大雁。

号：啼叫。

诗意为：夜已经很深了，躺在床上，辗转反侧，依然无法入眠。是啊，满心忧思，满心愁苦，怎么能睡得着呢！于是，我从床上坐起来，轻轻拨动琴弦，这清幽的琴声或许能转移我的烦忧吧。清凉如水的月光从窗户里照进来，落在窗前薄薄的帘幕上；清风轻轻撩动幔帐，又吹动了我的衣襟。窗外，透过孤寂的夜空，传来失群独飞的大雁凄苦的啼叫，还有飞翔盘旋的鸟儿寻找栖息之地的哀鸣。这悲啼声声敲在我的心坎儿上，隐隐作痛。失所无依的鸟儿呀，它们在夜空中徘徊不定，到底能看到什么呢？想到这里，屋内的我只能独自黯然伤心。

这首诗起句就营造了一个烦乱不堪、渴求排遣的诗人形象。中间两联是工整的对仗，所见者明月、清风，所闻者鸿号、鸟鸣，周遭环境的寂静凄清，更衬托出诗人孤独苦闷的心境。“忧思独伤心”，本来以琴排解忧思的企图也落空了。独自一人，无处诉说，一任寥寥琴音兀自飘散在空洞辽远的夜里，远去，远去。

因为好酒，因为善琴，于是便有了琴曲《酒狂》。阮籍是在怎样的情景下创作出这支曲子的呢？也许正是某个孤寂的夜晚，阮籍酣饮之后，心中想要有所倾吐，于是琴兴大发，就着醉态，流动的手指在琴弦上肆意挥洒。伴随着空中行云流水般游走的线条，那份醉意，那份癫狂，还有心中积郁的不满、愁苦，都从纤细的琴弦上喷薄而出，挣扎着往外涌动。那么张扬大气，又是那么无所顾忌。就这样，一气呵成，中国古琴名曲《酒狂》就这样诞生了。《酒狂》实在是首妙曲，在起伏不定、紧张高亢的琴音中，阮籍的狂放不羁，还有高超的音乐才能，完成了彼此最完美的融合。

阳光正好，透过片片个字形竹叶，摇落下点点光斑。苍翠秀丽的竹林中，“竹林七贤”们又开始了他们的清游。举杯欢酌，任意谈笑，数杯美酒下肚之后，阮籍略带醉意地走到古琴旁边，缓缓抬起手臂，手指随即在琴弦上飞扬起来。听那时缓时急、高亢张扬的琴音，正是阮籍颇为得意的《酒狂》呢。琴声在阳光中摇曳荡漾，在空气中弥漫飘散，仿佛整个竹林、整个天空都浸润在了浓浓的酒意里。一旁的友人们一边品着美酒，一边听着这应景的曲子，谈笑声也一下子停顿安静下来。大家就这样静静地听着时而低回、时而飞扬的琴音，偶尔一阵风过，传来窸窸窣窣的竹叶声。友人们彼此也不怎么说话，沉醉在忘情的音符中，偶尔相视一笑，就知道对方已经心领神会。

当然了，如此雅兴，也会有某个耐不住安静的人出来捣乱一下。只见酒鬼刘伶已是喝得醉眼醺醺，步伐踉跄地和着《酒狂》舞动起来。他身材虽小，举手投足之间，竟也颇有几分狂意。若是平常，旁边的友人们或许要上来打趣几句，只是这个时候，刘伶的醉态正好把《酒狂》的神韵以肢体语言的形式淋漓尽致地发挥出来，让旁人看了如痴如醉，也不禁暗暗叫绝，大概只有这样的酒鬼才配得上如此绝妙的《酒狂》吧。

一曲终了，大家意犹未尽，深呼吸一下，仿佛空气中、竹林里还残留着微薄的酒味，让人回味无穷。短暂的沉默之后，竹林里又恢复了热闹的谈笑戏谑。一曲《酒狂》之后，大家酒意大增，兴致高涨，讨酒声、朗朗笑声，和着婉转的鸟鸣，在竹林中散去。

“竹林七贤”中的另一位音乐才人便是阮咸。和叔叔阮籍一样，阮咸也颇晓音律，他的水平之高，在当时有着“神解”的美誉。在古代，“神”可是一个相当高的评价，评价人物的风度、才艺，轻易不用这个词。而阮咸居然能享有这样的称号，可见他对音律的把握和领悟已经达到了出神入化的程度。

因为“神解”这个美名，阮咸还曾经遭人嫉妒。当时有个朝廷大臣名叫荀勖，也算是个知晓音声的人，负责调整宫廷里的乐器，修正朝廷的雅乐。每到朝廷大会，宫廷之中作乐，由荀勖调整的宫商，没有不合乎音律的。不过阮咸一听，心里总觉得有些不协调，因为不协调，听完之后自然也就不会夸赞荀勖了。荀勖由此心生忌恨，打发他离开京城去作始平太守。后来一位农夫在耕作时，得到了周朝时候的玉尺，也就是天下的音律标准，荀勖拿来试着校验自己调整过的钟鼓、玉石、丝竹，发现都短了一黍的音，这才佩服阮咸的神识。如此看来，阮咸的“神解”果然名不虚传。

阮咸不但精通音律，还擅长弹奏一种古琵琶。他弹得如此精妙绝伦，以至于后人竟把这种古琵琶径直称为“阮咸”（又简称为“阮”）了。中国古代的乐器种类丰富，以人名来命名乐器的情况并不多见，而阮咸正是其中的一位。因为阮咸，乐器阮咸流淌出的音乐似乎也多了些魏晋时代特有的疏朗任情。

善于弹奏阮咸，可以说是“竹林七贤”中阮咸的标志特征。如果你在后世的《竹林七贤》图中，看到其中某个人手拿一阮，那毫无疑问便是阮咸了。事实上，正是由于阮咸善于弹奏阮，后人创作的《竹林七贤》图中，差不多都会在阮咸身边配上他深爱的阮。别看阮咸平时放浪形骸，弹奏起阮咸来，一下子沉稳了许多，好似脱胎换骨一般。瞧他那低头拨弄阮咸专注又似无心的样子，我们仿佛听见美妙的音符在竹林中弥漫开来，盘旋，飘散，直到晴朗的碧霄。能有这样一位阮咸高手在旁弹奏，阮籍他们也算是颇有耳福啦。

“竹林七贤”中还有一位音乐大师，这个人自然就是嵇康了。如果说阮咸注定要和阮咸这个乐器流芳百世，那么嵇康便是注定要和《广陵散》这首千古名曲镌刻史册。说起嵇康，人们自然想到的便是临刑前的一曲广陵绝响；而提到《广陵散》这首琴曲，人们也会不由自主地想到嵇康这个魏晋时期慷慨激昂的男子。可以说，嵇康与《广陵散》，人与曲是相得益彰。

《广陵散》又称作《广陵止息》，“广陵”是扬州的古称，“散”是操、引乐曲的意思，从曲名来看，这大概是一首流行于古代广陵地区的琴曲。琴曲主要讲述了战国时期的聂政替父报仇的故事。聂政的父亲为韩王铸剑，耽误了铸剑的期限，结果惨遭韩王杀害。聂政为了替父报仇，自毁容貌，还吞食炭火改变自己的声音，然后潜入深山，用十年的时间练就了一手卓越的琴艺，从而引起了韩王的注意。功夫不负有心人，韩王召聂政进宫弹琴取乐，聂政趁韩王不备，从琴腹中取出匕首将韩王刺死，终于报了杀父之仇。这一悲戚慷慨的故事，赋予了《广陵散》别样的音乐特色，它曲调悲怨，气势磅礴，旋律激昂，是我国现存古琴曲中唯一具有戈矛杀伐的战斗气息的琴曲。

一曲《广陵散》，从音起到音落，贯穿弥漫着的是反抗精神，是战斗意志，是决不妥协的决心和毅力。大概正是因为这一点，生逢乱世而又性格刚烈的嵇康才尤其钟情于此曲吧。

据说，嵇康习得《广陵散》还有一段颇为怪异的因缘呢。有一次嵇康出门远行，在一个名叫月华的亭子下夜宿。之前曾有人告诉嵇康说，这个亭子附近经常有人被杀害，不过嵇康为人潇洒旷达，一点儿也不害怕。到了晚上一更的时候，嵇康取出随身携带的琴来开始弹奏，悠扬动听的琴音在夜空中飘散开去。突然，空中传来几声叫好声，嵇康边弹边问：“你是谁呀？”对方回答说：“我是一个已经死去的人，幽魂在这里出没，听你的琴弹得悠扬清新，我以前也爱好琴，所以过来听一听。我不幸早亡，沦为幽魂，本来不适宜出来见你，不过我很喜欢你的琴声，如果出来相见，请你不要感到奇怪、心生厌恶。”嵇康又弹了数曲，问道：“夜已经深了，你怎么还不现形来见我呢？你的形象再可怕我也不会在意的。”幽魂于是现了形，和嵇康笑谈音乐的美妙，又向嵇康要过琴来弹奏，这便是著名的《广陵散》。嵇康自觉以前所学的琴曲都比不上刚刚弹奏的这曲，便从幽灵那里学了过来。临走之时，幽灵还特地与嵇康约定，不要把这首曲子传给其他人。嵇康从幽魂习得《广陵散》自然是个传说，不过他不肯轻易将它传授给其他人，倒是事实，所以嵇康临刑索琴弹奏《广陵散》才会感慨万千：“而今绝矣。”(《晋书·嵇康传》)

除了《广陵散》，精通音律的嵇康还自己创作了不少名曲，琴音美妙，琴技高超，用今天的话说，嵇康可是集作曲家与演奏家于一身啊。不仅如此，作为魏晋时期有名的磊落倜傥的美男子，嵇康弹琴时一抬手、一拨弦之间，也是颇具风韵呢。“目送归鸿，手挥五弦”（嵇康《赠秀才入军》其十四)，虽然只有短短八个字，却堪称古诗中描写弹琴的经典。古琴最早有五根弦，“五弦”这里是代指古琴。说到琴，我们常用的一个词是“弹”，古人也常用“鼓琴”“抚琴”“弄琴”这些说法，而这里嵇康独辟蹊径地用了一个“挥”字。“挥”，看起来动作幅度很大，作为弹琴的动词似乎有些夸张，但用在这里又是那么贴切生动，充满意蕴。一个“挥”字，那么随意自然，不着痕迹，随便一挥手，那优美的琴音就涓涓不断地从纤细的琴弦上流淌出来了。

嵇康不仅会谱曲、会弹琴，还对琴的理论知识颇有研究，可以说是地地道道的古琴艺术家兼学者。在古代众多的乐器中，嵇康最钟情的乐器便是古琴，他特地写了一篇《琴赋》来讨论与琴相关的问题。从琴器的选材、制作、装饰到古琴的弹奏、音乐的审美，嵇康一一娓娓道来。作为古代第一篇以音乐器材命名的辞赋，若从现代学术论文的眼光来看，《琴赋》也可以称得上是角度新颖、论述全面。

另外，嵇康还有一篇《声无哀乐论》，也是专门讨论音乐的文章。在古代，音乐的本质是快乐的还是悲哀的，曾经在很长一段时间受到关注。有的人说，音乐本来是快乐的，所以听到音乐会产生愉悦的感觉；也有的人说，音乐本来是悲伤的，所以人听到音乐才会心生哀伤；还有的人说，音乐本来无所谓快乐、悲伤，是听的人快乐、悲伤，才会误以为音乐是快乐或悲伤的。总之，在古代，音乐的本质曾经那么让人痴迷，以至于士人们写了一篇又一篇的文章来讨论这个问题。嵇康这篇《声无哀乐论》可以说是对《琴赋》中有关音乐审美问题的深化。从篇名不难看出，嵇康认为音乐本来是没有哀、乐之分的，将音乐的本质与人听到音乐后所引起的感受区分开来，能做到这一点并非易事。即使在今天，嵇康的思辨能力也着实让人佩服。

清幽的竹林之下，阮籍一边品酒，一边专注地看着嵇康肆意挥洒琴弦，那神情就宛如欣赏一幅优美的画卷。不知怎的，阮籍突然被某段音符触动了，就像一粒石子投入了平静的湖水，心中荡起了层层涟漪。借着微醺的酒意，和着飘飞的琴音，阮籍眺望着远方，若无其事地高声长啸起来。啸声清越空透，同嵇康缠绵的琴音交织在一起，彼此倾诉着各自的心绪，一唱一和，如胶似漆，盘旋而上，直到辽远的碧霄。阮籍的长啸在当时可谓一绝，而且“与琴声相谐”(《陈留风俗传》)，能够与琴声和谐地搭配在一起。好友们静静聆听着嵇琴阮啸，心中不免赞叹，阮籍、嵇康不愧是好友知己呀，简直配合得天衣无缝！大家品着美酒，思绪也随着音符越拉越远，越飞越高。琴音戛然而止之处，啸声也悄然而止，竹影婆娑，阳光明丽，一切宛若世外桃源一般安详和谐。

清风执麈

魏晋是一个喜欢清谈的时代。士人们穿着宽衣大袍，手中拿一柄麈尾，一边和友人侃侃而谈，一边轻轻摇动手中的麈尾。那氛围时而轻松，时而热烈，意见相左之处，还可能争个面红耳赤。说起清谈，一柄麈尾大概是不可少的，魏晋士人对于麈尾有着特别的钟爱。麈尾的形状有点像现代的羽扇，闲谈时可以用来驱虫、掸尘。据说刚开始时一般只有善于清谈的大名士才有执麈尾的资格，后来渐渐流行开来。或许正是麈尾所蕴含的身份意义，那些清谈士人才如此钟情麈尾。

竹林七贤，人数不多不少，来场清谈正好合适。几杯美酒下肚，算是暖了暖场，大家一边饮酒，一边就说开了。“嵇康，你可是我们这里面的俊男子啦。”不知谁品着美酒说道。“可不是呢，你瞧，他那清俊的模样就像夜空中的朗朗清月，又好像高山上的素素青松。”另外一个人应和道。听到这样的谈话，你可不要感到诧异，朋友之间饮酒谈天，怎么公然谈论起朋友的相貌、气质来了呢？其实，品评人物也就是品鉴、评论人物在魏晋是再正常不过的了，这可是魏晋清谈的重要内容。翻开一部《世说新语》，你可以看到很多对人物相貌、精神风貌、才气的品评，足见当时品评人物之盛了。

品评人物大致源于东汉后期的士人清议，不过那个时候的清议主要着眼于对人物的道德评价，一定程度还能左右社会舆论，并因此而影响士大夫的仕途。不过魏晋时期，品评人物不再具有那么浓厚的政治色彩，变得相对纯粹起来。魏晋是一个黑暗动荡的时代，也是一个审美自觉的时代。人们把目光投向广阔的大自然，发现了自然之美，山水画、山水诗由此而兴；人们又把目光投向了人类自身，发现了人的相貌之美和精神之美，不仅女子，男子身上所体现的内外之美，也成为人们关注的对象，风流、风度从此成为中国具有独特意义的词汇。魏晋时代，实在是一个人文大发现的时代。

谈到音乐的本质问题，阮籍、嵇康这两位音乐大师自然是兴趣十足，更何况两人都对音乐有过较深的理论研究。阮籍作有《乐论》一文，而嵇康有《琴赋》《声无哀乐论》等文，可以看作是两人音乐理论研究的代表作。不过在对音乐的看法上，这两位知己好友的看法可是不尽一致。

阮籍认为音乐就是谐和天地、顺应万物的本性所达到的自然和谐状态，在他看来，音乐的本质就是“和”，无所谓哀、乐之分。如果硬要从哀、乐这一角度对“和乐”作定性的话，阮籍认为音乐的本质应该是快乐的。对于那些“哀乐”“悲乐”的说法，阮籍是持反对意见的，“诚以悲为乐，则天下何乐之有?”(《乐论》）若果真把悲哀当作音乐的本质，那么天底下哪里还有什么快乐可言呢？音乐之所以称为“乐”，就是因为它能使人的精神平和，远离悲哀，心境快乐呀。

对于阮籍的这一看法，嵇康自然是要反驳的。从他的那篇《声无哀乐论》的篇名就可以看出，嵇康跟阮籍的看法有所不同。在嵇康看来，音声和天地万物一样，都是自然的产物，本身是不会有哀乐之分的。人听到音乐之后，之所以会有悲哀、快乐不同的情感反应，那是因为人的内心本来就有悲哀、快乐这两种不同的情感。音声没有哀乐之分这一事实，还可以从听者的不同反应来得到证明。你瞧，不同的地域风俗不同，歌唱和哭泣的含义也就不一样，如果加以调换，有的就会听到哭泣反而感到快乐，有的又会因为听到歌唱而感到悲伤，但是人们快乐、悲哀的感情本质却是一样的。

说到养生这个话题，嵇康从来都是侃侃而谈。肯定了养生确有功效以后，嵇康又向好友们介绍起养生的妙招来了。“要说养生啊，平时大家可以下的功夫还不少呢，不过归纳起来，主要就是养神和养形两个方面：养神呢，就是要少私寡欲，无忧无虑，让自己心平气和，免受外界的干扰；养形呢，就是多练习练习导引呼吸之术，再服用一些保养身体的药物。这样形神兼顾，内外兼济，长期坚持下去，就能达到延年益寿的效果。若是嗜欲无穷，整天沉湎于声色饮食而不加节制，就会有碍于养生。”说到这里，嵇康看着又举起酒杯的阮籍，善意地劝说道：“阮籍你性格谨慎，什么都好，就是饮酒略微过了一点。”阮籍微微一笑，也不答话，头微微一仰，又一杯美酒下肚，惹得旁人哈哈大笑。

在养生方面，嵇康是主张适当地服用药物的。这可不是嵇康的独创，而是魏晋流行的社会风气。当时服用的养生药中，最主要的便是“五石散”。所谓五石散，是用五种石药混合而成，不同时代所用的石药可能略有差异。由于此药服用以后，人会精神亢奋、浑身燥热，必须要用冷食、冷浴来散热，只有饮酒需要温酒，所以又被称之为“寒食散”。服用药物以后，需要通过快速行走散发内热，这就是“行散”。五石散具有壮阳、强体等功效，在重视养生的魏晋时代，便大规模地流行开来。而五石散的流行，又对魏晋人的生活细节产生了深远影响。那时人的穿着往往宽衣薄带，而且喜欢大肆饮酒，某种程度而言，就是服药后为了便于散发药性而形成的。嵇康养生主张适量服药，在五石散流行的社会，他应该也服用过一些吧。

听了嵇康的养生论，向秀发话了。他说道：“嵇康，你刚才说养生得当的话，人有可能达到一千岁的生命极限。可是我们都知道，从古到今，最长寿的人也才有一百来岁。依我看，人的生命长短都是已定的，再怎么注重养生，也不可能活到一千多岁。为了养生，节制欲望、控制饮食、平和心境，大概是对身体有益的。不过你又说到要不食五谷、摒弃滋味这些，我就难以赞同了。要知道，天地之间，人是最有灵性的，要是过于约束自己的嗜好欲望，人生就会变得了无生趣，这样即使拥有生命又有什么可宝贵的呢？还不如用智慧来满足自己的欲望。”

当然，除了音乐、养生这些话题，“竹林七贤”们谈论得比较多的还有玄学。玄学是魏晋时期主流的哲学思潮，主要是对《老子》《庄子》《周易》的研究和解说。自从汉武帝罢黜百家、独尊儒术以来，儒家思想长期占据着主流思想的地位，然而随着汉末统一王朝的分崩离析，儒家对士人的吸引力已经大大减弱，取而代之的则是以道家思想为基础的玄学。对于玄学，“竹林七贤”们一向津津乐道，而且还颇有见解，他们的玄学成就成为魏晋玄学发展的一个重要阶段，也成为中国古代文化史上一个夺目的亮点。

阮籍少年时期读得最多的是儒家经典，不过随着时局的变幻，渐渐对玄学产生了兴趣。虽然平时他博览群书，但最感兴趣的还是老庄。阮籍不仅爱读，而且对《老子》《庄子》等有自己的见解，写的《通易论》《通老论》《达庄论》等文章便是他玄学成就的重要体现。

说到对老庄之学的偏爱，嵇康比阮籍可是有过之而无不及。那个时代，一般小孩儿受教育，所读的书基本都是儒家经典，嵇康却并非如此。因为父亲早亡，加之母亲、兄长宠爱，嵇康从小就没有受到多少传统的儒家教育，长大以后对老庄之学更是偏爱有加。老庄之学崇尚自然，而嵇康为人恬淡，喜欢无拘无束的自由生活，也不知道是老庄影响了嵇康的处事风格，还是因为嵇康本来的性情使然，才更加偏爱老庄。总之，在老庄那里，嵇康找到了自己的心灵寄托。

除阮籍、嵇康之外，竹林七贤中对玄学颇有研究的，大概要数向秀了。同嵇康一样，向秀生性恬淡，对老庄之学很是喜欢，一旦跟人谈论起来，眉飞色舞，滔滔不绝。当时流传下来的注释《庄子》的著作往往不能深得《庄子》旨要，向秀便决心自己给《庄子》作注。听说向秀要给《庄子》作注，嵇康刚开始并不鼓励，因为给《庄子》作注实在是太难了，功底不深，很容易把原本的精妙之言弄得僵滞不堪。向秀并没有因此而放弃，后来他把自己的《庄子注》拿给嵇康看，嵇康一读，向秀把《庄子》中的玄理解说得恰到好处，大为叹服。其他的好友见了向秀的《庄子注》，也赞不绝口，好友吕安甚至惊叹道："庄周不死矣！"因为向秀的《庄子注》，时隔五百余年的庄子宛若再生。

历史有时就是这样让人喟叹，黑暗的魏晋时代熄灭了阮籍济世安民的雄心抱负，而阮籍却和他的朋友们一起，用生命为我们创造了"竹林七贤"的绝响。前不见古人，后不见来者，他们的这段相遇甚至成为了魏晋时代的一个代名词。提起魏晋，几乎没有人不知晓"竹林七贤"的；谈到魏晋，后人第一个想到的恐怕也是"竹林七贤”。因为“竹林七贤”，我们看到了生命最本真的一面，我们慨叹，我们惊异，原来生命可以如此的纯真任情。是他们，把魏晋风度深深融入了这段历史，成为足以和其他历史朝代匹敌的一个文化标志。从这一点来讲，阮籍的不幸又何尝不是后人之幸呢，我们实在无法想象，若没有了“竹林七贤”，动荡压抑的魏晋时代还有什么是真正值得追想怀念的。

第四章，艰难求存

两任中郎

然而，竹林清幽注定只是短暂的欢愉。桃花源里的人们可以“不知有汉，无论魏晋”，摆脱政局更迭带来的灾难，不问世事，躬耕渔猎，过着简单淳朴的生活，但是阮籍他们不能。竹林虽好，终究不是桃花源，在这世上根本就没有桃花源。清幽的竹林唯一能做到的，便是为阮籍疲惫不安的心灵提供一个暂时避风的港湾。酣饮欢笑过后，他们不得不回到现实，不得不面对司马氏集团的试探打击，也不得不做出自己的选择和回应。

血腥的典午之变过后，阮籍违心作了司马懿的属官从事中郎。本来阮籍接受出任这一官职，主要是为了明哲保身，表示自己至少表面上不会直接反对司马懿执掌政权，所以在这个官位上，阮籍自然是得过且过，很难为司马懿出谋划策。而司马懿呢，作为一个老谋深算的官场老手，对阮籍性格的软弱和表面的顺从，当然也是心知肚明。不过，即使是表面的顺从，司马懿也比较满足了，毕竟阮籍声名显赫，他的屈从必然会影响不少士人在这场政变中的态度，而这正是司马懿征辟阮籍的用意所在。

诛杀曹爽等人以后，司马懿日渐权倾朝野。魏帝曹芳多次给司马懿封官加爵，还赐予他在古代臣子所能享有的最高的礼遇——九锡之礼，可谓恩宠非常。这时的司马懿就像当时的曹操，一人之下，万人之上，曹家天下近在眼前，唾手可得。当然，面对司马氏的步步进逼，一些忠心于曹魏政权的朝廷大臣岂肯袖手旁观，为了反抗司马氏，他们发动了一系列反击。嘉平三年(251)，历史上著名的“淮南三叛”（也称“寿春三叛”）之第一叛发生了。

当时的太尉王凌与外甥令狐愚在淮南一带掌握重

兵，他们见魏帝曹芳昏庸懦弱、无力主政，处处受制于强臣司马懿，又听说楚王曹彪有勇有智、堪当大任，于是暗地里策划想要废除魏帝曹芳，改立楚王曹彪为帝，同时迁都许昌，以摆脱司马氏对曹氏皇室的控制。嘉平三年，王凌见东吴在涂水有军事行动，于是上书请求朝廷准许讨伐东吴，乘机起兵反抗司马懿。王凌的请求没有得到司马懿的认可，无奈之下，王凌派部将杨弘将废立魏帝的计划告诉兖州刺史黄华，希望得到他的支持。不料杨弘和黄华却联名向司马懿揭发王凌的图谋，司马懿随即率军讨伐。令狐愚在两年之前已经病逝，王凌自知孤军难敌，同时司马懿又在发军时先赦免他的罪过，于是向司马懿投降。后来王凌在被押解到洛阳的途中，自知不久一定会被司马懿诛杀，仰药自杀。对此，司马懿还不满足，把令狐愚的尸体挖出来同王凌的尸体一起暴市，示众三日，同时还夷灭三族，而楚王曹彪也被迫自杀，他的亲属都被远放到平原郡。淮南三叛中的第一叛，就这样沾染着血腥落幕了。

成功镇压太尉王凌等人的反叛之后，司马氏的权势得到了进一步的巩固。不过镇压反叛不久，司马懿也走向了自己生命的终点。在古代，司马懿可以算作名副其实的高寿了，不过“神龟虽寿，犹有竟时”（曹操《步出夏门行·龟虽寿》），连以长寿著称的神龟，都还有生命终止的那一刻，更何况寿命短暂得多的人呢。嘉平三年，七十三岁的司马懿病逝，“三马食槽”的历史将由他的两个儿子司马师、司马昭继续创造。

司马懿去世后，他的长子司马师继承其父掌权，出任魏国的抚军大将军、录尚书事。司马师为人沉着冷静，临危不乱。当年在发动政变的前一晚上，司马懿把决定发动政变的计划告诉司马师、司马昭后，司马昭担心得整晚都睡不着，而司马师却像平常一样安然入睡，其沉稳镇定由此可见。抚军大将军，在当时意味着掌管全国最高的军事权，而录尚书事呢，又是主管中央的行政决策，司马师有这两个官职在身，可以说是位高权重，掌握了魏国的军政大权。

司马师掌权后，对待士人的策略跟他的父亲司马懿别无二致，就是尽最大可能搜罗士人，巩固自己的势力，削弱曹氏力量。之前，阮籍曾被迫出任司马懿的属官从事中郎，司马懿去世后，阮籍再一次受到司马师的征辟，官职依然是从事中郎。也许司马懿去世的时候，阮籍心中还存有一丝侥幸，希望能就此脱离司马氏集团，而当司马师的征辟令下达时，这仅有的一丝幻想也破灭了。面对这道征辟令，阮籍的内心愁苦异常，忧郁不堪，他想回绝，想婉拒，然而在残酷的政治现实面前，实在无能为力。作为当时的名士之一，阮籍根本没有选择的自由，除非他愿意为自己的抉择付出生命的代价。

当时的魏国早已名存实亡，魏帝曹芳终日荒淫无度，嬉戏享乐，完全没有拯救魏国命运于危亡之中的雄心壮志。为这样一个日渐没落、行将就木的魏国献身，多少有些不值。况且阮籍之前并没有担任过魏国的什么重要官职，他又能以什么样的理由去为魏国放弃自己的生命呢？司马氏固然面目可憎，心狠手辣，而曹魏集团也早已无药可救，远不是阮籍心中理想的国家执政者。身处这一尴尬可悲的境地，阮籍看不到人生的出路，找不到可以依靠的力量，他孤寂愁闷，纵酒消愁，如果可以，他多么愿意就这样长醉不醒，不再为现实所逼迫。

可惜，酒总有醒的时候，酒醒之后，现实依然要面对，阮籍选择了屈从。他三岁丧父，母亲含辛茹苦地把他抚养成人，他知道不管怎样，他都没有权利轻易放弃自己的生命。即使卑微，即使苟延残存，即使会被人嘲笑软弱，阮籍也要在政治斗争的漩涡中顽强地生存下来。

这一次，阮籍再次出任了司马师的从事中郎。

司马氏对异党的杀戮迫害仍在继续，人的生命就像柔弱的小草一样，轻易就被践踏了。亲眼目睹这一次次争斗残害，阮籍内心充满了悲愤无奈，但又无处言说。

嘉平年间，阮籍捡到两只从树上鸟巢中被狂风吹落的小鸠，每天用五谷杂粮精心地喂养它们。失去家园的两只小鸠在阮籍的照料下，一天天地长大，乖巧可爱，仪态嘉美。不料，重新得到关爱的小鸠竟然再遭厄运，被一只凶猛的大狗给咬死了。这一惨状使阮籍深感悲凉，特地写了一篇《鸠赋》来悼念它们。

伊嘉年之茂惠，洪肇恍惚以发蒙。有期缘之奇鸟，以鸣鸠之攸同。翔雕木以胎隅，寄增巢于裔松。噏云雾以消息，游朝阳以相从。旷逾旬而育类，嘉七子之修容。

鸠：鸟名，古人所说的鸠通常指布谷鸟。

洪肇：辽阔无边的宇宙。

蒙：通“萌”，草木发芽。

攸同：相同。

雕木：雕同“凋”，凋零的树木。

增巢：同“橧巢”，指用树枝筑成的巢。

消息：指事物随着时间的推移，或生长或止息的变化。

旷：间隔。

修容：美好的容貌。

两只小鸠本来有着一个美好温馨的家庭：良辰美景，万物萌发，一切是那么自然祥和，小鸠的父母在残冬的树枝中相伴飞翔，结成了伉俪。它们捡来树枝，在高大的松木中间搭建自己的爱巢。爱情是甜蜜的，大鸠们时而飞上高空，呼吸着轻轻的云雾，时而在温暖的朝阳下游翔嬉戏，恩爱非常。一个多月以后，大鸠们迎来了它们爱情的结晶，七个可爱的小鸠破壳而出。在大鸠的呵护养育下，小鸠们渐渐地快乐长大。然而，不幸很快降临了。

始戢翼而树羽，遭金风之萧瑟。既颠覆而靡救，又振落而莫弼。陵桓山以徘徊，临旧乡而思入。扬哀鸣以相送，悲一往而不集。终飘遥以流离，伤弱子之悼栗。何依恃以育养？赖兄弟之亲戚。

戢翼：收敛翅膀。

金风：秋风，古人以西方为秋，与阴阳五行中的金相配，故称秋风为“金风”。

靡：没有。

陵：登上。

桓山：山名，古人常用桓山之鸟来比喻离散的悲痛。

小鸠们才刚刚开始生长羽毛，就遭遇到萧瑟暴力的秋风。狂风呼啸，鸟巢被吹得东倒西歪。两只小鸠不幸地从鸟巢中掉落下来，从此失去了父母的庇护。它们四处漂泊，无依无靠，只能彼此相依为命。惊恐之中，它们张开稚嫩的小嘴高声悲鸣，鸣叫声中尽是悲哀无助。就在艰辛苦楚之时，两只小鸠的命运又迎来了曙光。

背草莱以求仁，托君子之静室。甘黍稷之芳饎，安户牖之无疾。洁文襟以交颈，坑华丽之艳溢。端妍姿以鉴饰，好威仪之如一。聊俯仰以逍遥，求爱媚于今日。何飞翔之羡慕，愿投报而忘毕。

草莱：杂草丛生的地方。

求仁：这里指寻求人的养育。

甘：美餐，这里作动词用。

饎（xī）：美食。

疾：伤害。

文襟：指小鸠有文采的前胸。

鉴：察看。

爱媚：宠爱。

在即将命丧荒野的时刻，小鸠们遇到了君子阮籍。多日的颠沛流离之后，它们来到了阮籍家中，终于又重新拥有了一个没有狂风暴雨的温暖安全的栖息之地。阮籍每天用五谷杂粮来喂养它们，在他的精心养育下，两只小鸠渐渐长大，享受着这来之不易的温馨生活。它们不时地互相摩擦着彼此的脖颈，身上的文采也越来越鲜艳夺目。在这样宁静和美的日子里，它们甚至不再羡慕飞翔的自由与洒脱，宁愿永远陪伴在阮籍身边，以报答他的抚养之恩。令人叹惋的是，它们好不容易重新找到一个温馨的栖息之地，生命的噩梦却即将降临。

值狂犬之暴怒，加楚害于微躬。欲残没以糜灭，遂捐弃而沦失。嗟薄贱之可悼，岂有忘于须臾。

没：同“殁”，指死亡。

麋：破坏，损害。

沦失：沉没消失，指狗咬死小鸠后起身离去。

这两只小鸠的命运是多么的坎坷悲戚。它们正享受着生命的美好，一只暴怒的狂犬看到这两只可爱的小鸠，张开大口猛扑过来，一阵撕咬之后，丢下残缺不堪的小鸠纵身离去。两只柔弱的小鸠就这样命丧狂犬之口，怎能不让人伤怀哀悼呢？

越是美好温馨，在遭到毁灭破坏时，就越能给人强烈的冲击和震撼。小鸠一波三折的命运在狂犬的撕咬中结束，《鸠赋》在此戛然而止，亲密、温馨、安宁这一切美好的事物也都在怒犬的撕咬中荡然无存，不禁让人感慨万千、悲伤哀痛。

《鸠赋》悼念的是两只小鸠的悲怆命运，可是阮籍所哀悼的似乎又不仅仅止于此。在那个暴力夺权、尔虞我诈的时代，人的命运不就像这两只小鸠一样难以把握吗？你本来出生于一个美满的家庭，可是征战连连，妻离子散、骨肉分离已是见怪不怪。你或者遇到恩人，好不容易重新开始自己的生活，却无端地卷入政治漩涡中，并因此丧失性命。这是一个变幻莫测、不能自主的时代，这是一个争权夺利、正义淡薄的时代。那只狂犬多么像飞扬跋扈、血腥残暴的司马氏家族，为了镇压异党，多少士人在他们篡权的路上命丧黄泉甚而被诛杀三族，多少无辜的生命成为黑暗政治的陪葬品。所以，一篇浓郁凄婉的《鸠赋》背后，阮籍哀悼的不仅仅是两只小鸠，更是乱世中脆弱无助的人类和身处政治漩涡中的弱小卑微的自己。

淮南二叛

朝中大臣对司马师的抗争仍在继续。尽管司马师早已权倾朝野，尽管一些朝臣的反抗以失败告终，仍然有忧心曹魏的大臣冒着生命的危险，前赴后继地与司马师作斗争。

嘉平六年（254），当时的中书令李丰和张皇后的父亲光禄大夫张缉等人密谋废掉司马师，改立夏侯玄为大将军，试图以此重振曹魏家业。不幸的是，这次计划同淮南一叛一样，不慎走漏了风声。事情败露以后，李丰、夏侯玄等人被杀，并夷灭三族。李丰的这次行动，曾得到过魏帝曹芳的支持。虽然曹芳昏庸无能，对于司马氏的野心还是颇有不满，如今自己亲信的大臣惨遭杀害，心中对司马师甚是痛恨，但苦于力量单薄，也只好忍气吞声。这年秋天，司马师以曹芳耽于女乐、不理朝政等理由，把参与政变的魏帝曹芳废为齐王，送归河内，迎立曹丕的孙子、高贵乡公曹髦为帝，改元为正元。曹髦登基时，还不到十四岁。不用说，这个幼帝只能充当曹芳之后的又一个傀儡皇帝，一切国家大事，都要听命于司马氏。

司马氏居然能擅行废立之事，其权势之大可想而知，篡夺魏国江山只是早晚的事了。魏帝曹芳被废，面对魏国的一步步衰微，阮籍心中充满了哀伤悲戚。他把这份沉甸甸的无处述说的感伤，化为了哀婉悲凉的诗句。

咏怀（其十六）

徘徊蓬池上，还顾望大梁。
绿水扬洪波，旷野莽茫茫。
走兽交横驰，飞鸟相随翔。
是时鹑火中，日月正相望。
朔风厉严寒，阴气下微霜。
羁旅无俦匹，俛仰怀哀伤。
小人计其功，君子道其常。

岂惜终憔悴，咏言着斯章。

蓬池：古代的沼泽名，在战国时期魏国首都大梁的东北。

大梁：战国时期魏国的首都，即现在的河南开封市。战国魏国国名与曹魏国名相同，这里用来借指曹魏首都洛阳。

鹑火：古代二十八宿的南方七宿称为“朱鸟”，朱鸟的第三宿柳宿、第四宿星宿、第五宿张宿合称为“鹑火”，古人常将之作为指示季节的星标。

中：正中。指鹑火运行到南方星空正中，为农历九、十月之交。

日月正相望：太阳、月亮正相对的时候，指农历每月十五日。

俛仰：同“俯仰”。抬头和低头之间，比喻时时刻刻。

“小人计其功，君子道其常”：语出《荀子·天论》，“君子道其常，小人计其功”。计，计算；功，功利；道，遵循；常，规范、法度。

在古代的诗人中，阮籍的诗尤其是《咏怀》组诗八十二首，向来是难以解说的。唐代的李善在给《文选》

中的阮籍诗作注的时候，曾经说过："虽志在讥刺，而文多隐避，百代以下，难以情测。"就是说阮籍的诗常常含有讥讽之意，但是诗文写得比较隐晦，到距离阮籍几百年的唐代，已经难以揣测阮籍诗文的真正用意了。李善的这番评论可谓道出了阮籍诗歌的主要特点，即文多隐晦，而意有讥讽。这也难怪，对曾经有过宏图大志的阮籍来说，要他真正遗忘世事，冷眼旁观，是做不到的，所以他总忍不住会在诗文中表达对时局世事的看法。另一方面，阮籍所处的时代已经容不得他随意针砭时弊了，公开的嘲讽批判必将招致司马氏集团的打击乃至杀戮，于是他只能用十分隐晦的笔法，将自己的悲怨不满倾吐出来。

理解这首诗的关键是"是时鹑火中，日月正相望"一句。这句是以古代常用的日月、星宿等方式来指称时间，本来没有什么特别的深意，不过清代学者何焯对这句诗所描述的时间加以考证，发现与魏帝曹芳被废一事密切相关。史书记载，曹芳被废为嘉平六年（254）九月甲戌，也就是九月十九日，司马师迎立高贵乡公曹髦为十月庚寅，也就是十月初六，废立之事发生的时间为九、十月之交，也就是鹑火运行到南方星空正中的时候。"日月正相望"，可能指的是九月十五日，司马师逼迫太后下诏正式废曹芳的时间是九月十九日，而预谋废帝的计划可能是九月十五日就策划好了。讨论废立之事尤其是同情魏帝曹芳，在当时是一个很敏感的话题，阮籍通过这两句所指称的时间，来暗喻曹芳废立一事，可谓用心良苦。

了解了创作背景，再来读这首诗，不难看出阮籍对曹魏命运的深切担忧。阮籍独自一人满怀忧伤地徘徊在蓬池边上，不时回首瞻望战国时期魏国的首都大梁，他凭吊怀念湮没在历史尘埃中的魏国，不正是担忧现在的曹魏重复相同的命运么？他心中念念不忘的，依然还是那个曾经抱以期望的曹魏。周遭是一派荒凉凄厉的景象：绿油油的湖水掀起了汹涌的波涛，空旷的原野中是无边无际的茫茫荒草，奔跑的野兽在旷野乱纷纷地横冲直撞，空中的鸟儿一群群跟随着高飞远去。这四句写深秋之景，渲染出低迷悲慨的气氛，所写虽然是眼前的自然之景，又何尝不是阮籍所处的时代氛围？一样的危乱不安，一样的纷繁不宁，一样的绝望窒息。

这个时候，鹑火星就在南方天空的正中；这个时候，魏帝曹芳被废了。凛冽的北风更增加了严酷的寒冷，阴冷的天气降下了薄薄的冰霜，自然界是冰冷的，人世间更是充满着冰冷的刀刃与杀戮。诗中的“朔风”

“严寒”“阴气”“微霜”都是有所喻托，寄寓了对风雨飘摇的曹魏政权的痛惜，隐晦地抨击了司马氏的暴虐专擅以及朝臣背弃旧主向司马氏邀幸求宠的劣行。

没有希望，没有出路，满目苍凉凄寒，阮籍就这样独自一人困顿在旅途上，无依无靠，没有一个伴侣，俯仰之间都是满满的悲哀忧伤。古人常说，“人生如逆旅”，人生在世就好像是羁留在旅途中的客人。阮籍所说的“无俦匹”，想来不仅是指这次蓬池之旅没有伴侣，更是指在这个黑暗危乱的世界，自己像一个困顿在旅途中的倦客一般，没有一个志同道合的人，没有可以相互依靠慰藉的人，而这才是真正的痛彻心扉的绝望无助。

阮籍的这份孤独落寞并不是无感而发。你看：小人们斤斤计较于个人的利害得失，趋炎附势，无所不为，只有君子才能始终遵循法度、坚守准则。淮南一叛、李丰等被诛，不正是因为小人的告密么？小人们富贵得势了，而君子却因为秉持原则而屡屡碰壁，以至于憔悴不堪。只是尽管如此，阮籍也在所不惜，也依然要坚持君子的处事原则。阮籍正是怀着悲戚、痛恨与坚守的复杂心情，写下了这篇诗歌。

当时，对司马师擅行废立心有不满的不止阮籍一个人，为了维护曹魏江山，一些手握重权的朝臣密谋讨伐司马师。正元二年（255），也就是司马师废齐王曹芳的第二年，镇东将军毌丘俭和扬州刺史文钦二人矫称受太后诏书，以淮南兵征讨司马师，这就是淮南二叛。东吴得知毌丘俭叛乱后，为了削弱魏军，派军队援助淮南叛军。司马师亲率十万大军前往镇压，经过周密部署，很快大破淮南军，吴军亦遭到重创。不久，毌丘俭在逃亡过程中被张属射杀，枭首送到洛阳，而文钦则逃亡到东吴。淮南二叛也以失败告终，毌丘俭和文钦两家留在魏国的人，都遭到司马氏的屠杀。

淮南二叛虽以惨败落幕，不过这次叛变也间接要了司马师的性命。司马师患有眼疾，经常流脓，当时文钦的儿子文鸯带兵突袭司马师军营，使其受惊不小，眼珠子吓得迸出了眼眶，疼痛难忍，魏军班师回朝路过许昌时，司马师就一命呜呼了。

司马师病逝后，其弟司马昭继承他为大将军、录尚书事，继续掌控曹魏军政大权。司马昭执政后，进一步加紧了对曹魏政权的篡夺，要知道，“司马昭之心，路人皆知”的典故，就是司马昭掌权之后创造的。

东平为相

司马师立曹髦为帝之后不久，为了笼络人心，大肆封官晋爵，而阮籍也在其中。他被封为关内侯，徙官散骑常侍。纵然阮籍对司马师擅行废立心有不满，但毫无反抗能力，他不过是司马氏手中的一个棋子罢了，稍有抵触之意，就有可能招来性命之灾。对于升迁，阮籍只能乖乖就范。

只是，在新官位上的阮籍，处境十分尴尬。这是怎么回事呢？之前阮籍的官职都是司马氏的从事中郎，就身份而言，是司马氏的属官。在古代家天下的封建社会，虽然理论上是“溥天之下，莫非王土；率土之滨，莫非王臣”，任何人都是国家最高统治者皇帝的臣仆，不过按照汉魏时期的官制或惯例，属官隶属于长官，只对所效力的长官负责，对皇帝并不直接负责或发生关系。所以阮籍此前虽然有所任职，跟皇帝并没有多大的关系。而新官职散骑常侍就不一样了，散骑常侍一职是皇帝的侍从散官，与皇帝有直接的臣属关系。阮籍由从事中郎转为散骑常侍，意味着从司马氏的属官转为皇帝的臣属，随着司马氏和曹氏斗争日益激化，无疑将他往政治斗争的漩涡中心又推进了一步。

按照原来阮籍与司马氏的关系，担任散骑常侍之后，阮籍实际上应该成为司马氏在皇帝身边的耳目。司马氏给阮籍安排这个官职，或许正是出于这方面的考虑，这对阮籍来说，自然是很难做到的。阮籍本来就对司马氏心怀不满，为了苟且求存，才勉强作司马氏的属官，充当耳目的任务实在难以完成。另一方面，按照新官职的要求，在道义上阮籍应该为皇室效忠，这无异于把自己置于司马氏的政敌地位，在司马氏的高压下，等于是拿自己的性命开玩笑。所以说，新官看似升迁，实则像个烫手的芋头，让阮籍左右为难，无所适从。《竹林七贤论》便说道："高贵乡公以（阮籍）为散骑常侍，非其好也。"这实在不是阮籍能够用来保全性命的职位。

阮籍的这份担心顾虑并非无的放矢。要知道，曹髦虽然年纪幼小，但有雄心大志，力图重振曹魏基业。他登基之初，就下令削减天子的车马服饰和后宫费用，又罢除宫廷和官府中的无用之物，厉行节俭。正元二年（255）司马师病重的时候，司马昭曾赶往许昌探望，不久司马师即暴病身亡。当时的曹髦见司马氏兄弟二人一死一去，京城之中空空如也，是夺权千载难逢的好机会，于是立即下诏命司马昭镇守许昌，由尚书傅嘏率军回京，借此剥夺司马昭的兵权、架空司马氏，同时又在朝廷中着手策划宫廷政变。曹髦的计划十分果决，遗憾的是，司马昭在亲信钟会等人的谋划之下，没有听从曹髦的命令，还是亲自率军回到了洛阳。曹髦的夺权计划由此落空，为了避免引起更严重的祸乱，只得封司马昭为大将军。

身为皇帝身边的散骑常侍，对于曹髦的这次夺权行动，阮籍很难说毫不知情。面对司马氏和曹氏之间的明争暗斗，阮籍的处境实在不好过，可以说是如履薄冰，稍不留意就可能成为政治斗争的牺牲品。阮籍虽然同情曹魏，曹髦也有志于恢复旧业，但毕竟年纪尚小，不懂得韬光养晦，权倾朝野的司马氏既然能废掉曹芳，难保不会再以类似的伎俩废掉曹髦。

为了摆脱深陷政治漩涡的危险，阮籍想到了一个不错的办法，就是另谋他职，远离朝廷。于是阮籍就去拜见司马昭，从容地对他说："我之前曾经到东平游玩过，很喜欢那里的风土人情，您要不就把我调到那里作东平相吧。"这是阮籍生平中第一次主动向掌权者索求官职，时间是正元二年。既然辞官闲居的心愿不能实现，那就退而求其次，到一个远离斗争中心的地方去任个一官半职吧。司马昭本来心里还有些担心任了散骑常侍的阮籍会偏向曹魏政权，暗地里阻挠自己的篡权行动，现在一听阮籍不愿留在曹髦身边，自请外放做官，毫不犹豫就答应了。得到了司马昭的允许，阮籍高高兴兴地去东平赴任。

东平郡大致就是今天的山东泰安市东平县，离京城洛阳有四五百公里的路程。成功脱离了权力斗争的火山口，阮籍抑郁烦闷的心情一下子敞亮了不少，他慢慢悠悠地骑着小毛驴，从洛阳出发，一路向东。和煦的朝阳，舒畅的清风，延绵伸展的原野，小毛驴踏着嘚嘚的足音缓缓前行。这是一个暂时属于阮籍自己的自由世界，没有尔虞我诈，没有钩心斗角，没有鲜血杀戮，没有提心吊胆。放眼望去，一片宁静甜美。是啊，自从朝廷变故迭生以来，他已经好久没有享受到这样的美景了。就这样，阮籍骑着小毛驴，一路优哉游哉地欣赏着田园风光，经过十几个日夜，到达了他在东平的官舍。

那时候的官舍衙门常常设有多处围墙和影壁，东平也是如此。阮籍到任后，马上派人拆毁了东平相府舍衙门的围墙和影壁，如此一来内外通透，里外都可以相互看到。同时，阮籍又精简了法令，提倡无为而治，政不扰民。阮籍向来任情洒脱，来去随意，这次出任东平相也不例外。但他好不容易从司马昭那里求来了东平相一职，才待了十几天，衙门的凳子还没坐热乎，很快又骑着那头小毛驴溜溜达达回洛阳去了，留下了内外通透的官舍。

在阮籍眼中，他向司马昭求官时所称道的东平郡到底是什么样子的呢？阮籍在《东平赋》中写道："西则首仰阿、甄，傍通戚、蒲，桑间濮上，淫荒所庐。"东平的西面能够抬头望到阿邑、甄城，进而能够通达戚邑、蒲邑，而那里就是桑间濮上之地，是荒淫奢靡所寄居的地方。"东当三齐，西接邹鲁。长涂千里，受兹商旅。力田为率，师使以辅。骄仆纤邑，于焉斯处。"东平的东面对着三齐故地，和邹鲁古国的西境接壤，漫长的路途绵延千里，承受着众多的过往商旅，地方官吏们各自为政，役使民众助其恶行，甚至骄横的奴仆都敢在邑中胡作非为。"其土田则原壤芜荒，树艺失时，畴亩不辟，荆棘不治，流潢余塘，洋溢靡之。"田野到处是一片荒凉杂芜的景象，农事失时，良田耕地没有被开垦，荆棘杂草丛生，无人整理，一旦奔流的洪水注满池塘，便四处弥漫横溢无所不至。民风"靡则靡观，非夷罔式，导斯作残。是以其唱和矜势，背理向奸，尚气逐利，罔畏惟愆”。这里的民俗因为没有法度、不遵循规则，作恶作乱的现象时有发生，他们蛮横跋扈，背弃事理趋向奸邪，崇尚豪气追求厚利，不怕因此而受到惩罚。这便是阮籍所任官的东平郡，田地荒芜，民风奸邪，风土人情恶俗不堪。

正因为如此，阮籍不禁感慨道：“奉淳德之平和兮，孰斯邦之可集？将言归于美俗兮，请王子与俱游。漱玉液之滋怡兮，饮白水之清流。遂虚心而后已兮，又何怀乎患忧？”大意为：我一向奉行淳朴平和的道德，这样的邦国怎么能够止栖啊？我将回归淳美的风俗，邀请仙人王子乔一起遨游。口漱甘美的玉液，畅饮清澈的白水，心境趋于平静空荡，渐渐忘却了忧患哀愁。面对东平郡的贫困萧条和民情伪诈，阮籍心中萌生了求仙的愿望，他要离开这个虚伪丑陋的世界，远走高飞，遨游天地，忘记忧患。

只是，在残酷的现实世界，阮籍没有远走高飞的自由，他不得不回去向司马昭复命。司马昭见阮籍才十几天就从东平返回，也不盘问，借机将阮籍又招入自己的幕下，让他做了自己的从事中郎。就这样阮籍重新回归了司马氏阵营，第三次任了从事中郎一职。虽然阮籍并不认同司马氏，但他清醒地知道，在这个朝不保夕、人人自危的时代，也只有司马昭才能庇护他卑微的性命。阮籍的好友嵇康就曾在《与山巨源绝交书》中提道："阮嗣宗口不论人过……至性过人，与物无伤……至为礼法之士所绳，疾之如仇，幸赖大将军保持之耳。"阮籍性格谨慎，从不评论人物的过错，也不去伤害别人，即便这样，还是为当时的小人所仇视，不时想找机会给阮籍罗织罪名，幸好有司马昭的保护，才得以幸免。

出任东平相的经历就此告一段落。阮籍真的是"乐其风土"(《晋书·阮籍传》)，喜欢东平的风土人情么？显然不是。他若真的喜欢，便不会以近于游戏的态度，到任十几天，拆几堵围墙、影壁，旋即重回洛阳。他若真的喜欢，就不会在《东平赋》中对东平的风土人情刻画得如此犀利冷峻。是的，他并非真心"乐其风土"，也并非真心想去东平任官，这一切，不过是阮籍脱身朝廷困境的托辞罢了。对于阮籍的这番用意，后人也多有道破，著名诗人李白在《赠闾丘宿松》一诗中写道："阮籍为太守，乘驴上东平。判竹十余日，一朝化风清。偶来拂衣去，谁测主人情。"阮籍刚到东平十几天，就拂衣而去，又有谁能揣测到阮籍的用意呢？

司马昭对阮籍的重新任命，成功帮助阮籍达到了他的目的。然而不难想象，作出这样的抉择，阮籍实在情非得已。虽然委曲求全地选择了重回司马氏门下，阮籍并没有对司马昭表现出特别的顺从安分，有时甚至还会通过一些狂放不羁、惊世骇俗的言行来表达自己的不满。有一次，司马昭手下的官员说起有一个儿子杀死了自己的母亲，阮籍听说后，口无遮拦地说道："嘻！杀父乃可，至杀母乎？"(《晋书·阮籍传》) 杀死父亲还可以，怎么竟至于杀死了母亲呢？在座的官员一听阮籍此话，顿时颜色大变，面面相觑，都怪他说错了话，要知道，大将军司马昭可就在座啊。司马昭为了粉饰自己的统治，大力提倡以孝治天下，现在阮籍居然认可了杀父行为，这不是明摆着跟当今权贵司马昭过不去么？

果不其然，在座的司马昭暗压住自己内心的恼怒，不动声色地问阮籍道："杀死父亲是天底下最极端的罪恶，而你却认为可以么？"阮籍也不畏怯，语气平静地回答道："禽兽知母而不知父。杀父，禽兽之类也；杀母，禽兽之不若！"(《晋书·阮籍传》) 禽兽知道自己的母亲而不知道父亲，人杀了自己的父亲，类似于禽兽，杀死母亲，那就是连禽兽都不如了。司马昭正想着如何惩治阮籍呢，一听阮籍此话，却也有些道理，脸色顿时和缓了很多。在座的其他人听了，也都对阮籍的解释深表叹服，紧张尴尬的氛围一下子轻松起来。就这样，阮籍通过这一番诡辩，成功地化险为夷，同时又达到了嘲讽司马昭虚伪的目的。

步兵校尉

从皇帝曹髦的阵营中抽身出来，只是阮籍远离政治纷争的第一步。甘露元年（256），重新进入司马氏的幕下不久，阮籍又一次向司马昭提出了改任官职的要求，这是阮籍继求为东平相后，生平中第二次向当权者求取官职。这一次，阮籍想要的官职是步兵校尉。

同不久前求取东平相一职一样，阮籍这次想要作步兵校尉，给出的理由也是一己之好，这便是军营里飘香的美酒。阮籍好饮酒是出了名儿的，连他的好友嵇康都觉得他饮酒有些过了，说他性格处事方面什么都好，就是“唯饮酒过差耳”(《与山巨源绝交书》)。想来颇重养生之道的嵇康也劝过他这个常常喝得酩酊大醉的好友，只是阮籍就是好酒，而且在酒醉中也可以稍微忘却世事的痛苦和烦恼。这不，他听说步兵军营里的厨子酿得一手好酒，储藏着多达三百斛的美酒，便向司马昭请求派他去做步兵校尉。

也许是阮籍好酒早已名声在外，司马昭对于他的这次求官，并没有什么怀疑。况且司马昭对于阮籍确实一向呵护有加，只要不是事关政治，对于他的要求也都是尽量满足。就这样，阮籍从司马昭的从事中郎转为了步兵校尉，在这个官职上一干就是七八年，直到去世，再也没有任过其他官职。步兵校尉成为阮籍一生中在任时间最长的官职，从此阮步兵也便成了阮籍的另一个称呼。

阮籍之所以这么中意步兵校尉一职，除了留恋军营中的美酒佳酿，还隐藏着更深层的原因，这得从步兵校尉这个官职的特点说起。步兵校尉最初为汉武帝所设，当年汉武帝为了加强对长安城的防护，设置了中垒、屯骑、越骑等八大校尉，步兵校尉就是其中之一，执掌上林苑门卫，地位十分重要。不过随着时代的变迁，东汉以降，步兵校尉在军事上的地位逐渐削弱，不再那么重要，而且常常以文士担任。到了魏晋时期，步兵校尉已不再真正掌握兵权。阮籍从东平归来之后，担任了司马氏的从事中郎。虽然司马昭一定程度上可以庇护阮籍，不过阮籍心底对司马昭的行径并不认同，连续担任司马氏父子三人的属官，不免给人以与司马氏集团过于亲近的印象。为了同司马昭保持一定的距离，也为了避免士人的误解，阮籍都需要想方设法从司马氏集团中抽身出来，同时又不招致司马昭的猜忌，出任步兵校尉便是这样一个难得的两全其美的好办法。

步兵校尉一职，属于中央政府的属官。表面上看，阮籍是又从司马昭的属官回到了皇帝门下任官，不过这个官职与皇帝的关系较为疏远，不像之前的散骑常侍一样与皇帝有着亲密的关系。同时，步兵校尉虽然是武职，事实上并不执掌兵权，不会给司马昭造成压力。司马昭之所以同意阮籍转任这一官职，想必也有这一方面的考虑吧。所以，同求任东平相一样，步兵校尉也是阮籍抽离纷乱政局的一个手段，所谓的美酒只是一个天真任情而又不容易被反驳的理由。经过这一次改换官职，阮籍成功地从司马氏集团中抽身出来，暂时超脱于司马氏和曹氏的血腥政争。

阮籍做了步兵校尉以后，不再是司马昭的属官，为了表明自己并没有疏离司马昭，和司马氏保持一种若即若离的关系，阮籍常常去司马昭的将军府中游玩。但凡将军府中有什么朝廷宴会，阮籍总是乐呵呵地去参加，不错过一次宴会。而在宴会中，阮籍总是大大咧咧地啸歌、饮酒，无所顾忌，神态自若。《世说新语·简傲》

中记载了这样一个故事，“晋文王功德盛大，坐席严敬，拟于王者，惟阮籍在坐，箕踞啸歌，酣放自若”。司马昭宴请宾客的时候，自己坐在席位上庄严肃穆，可与帝王相比，其他的人自然也是战战兢兢、恭恭敬敬，唯有阮籍两腿一伸，随随便便地坐在席位上，旁若无人地长啸歌咏，纵酒酣饮。

这里特别值得一提的是阮籍的“箕踞”。在唐宋逐渐流行垂足椅坐之前，中国古代至隋朝所说的“坐”一般都是席地跪坐。比较恭敬的跪坐姿势通常是地上铺席，双腿跪于席上，臀部坐在后脚跟上，上身挺直，两手搁放在膝上，目不斜视，神情端庄，现在的日本坐姿就保留了中国传统的跪坐方式。箕踞是跪坐中不甚恭敬的一种坐姿，坐着的人直接将臀部坐在坐席上，双膝在身前屈起，足底着地，或者双膝平放，两腿前伸分开。在古代，箕踞被视为一种极为傲慢、极不雅观的坐姿，在重要场合采用这种坐姿是颇失礼节的行为。

你看，司马昭“坐席严敬”，是十分恭敬的坐姿，可谓是正襟危坐了；而阮籍呢，明明看到司马昭庄严地跪坐在席位上，全然不放在眼里，臀部往坐席上一落，两腿往前一伸，就这样若无其事地坐下了。这实在是一个滑稽有趣的场景呢，阮籍的无礼正映衬了司马昭有礼背后的虚伪和狡诈。说来阮籍多少有些畏惧司马昭的猜忌打压吧，可在这样庄重肃穆的场合，阮籍又显得如此轻傲狂放，若无其事。好在司马昭并没有因此而恼怒，对阮籍加以斥责，或许司马昭是要借此向士人昭示自己的宽宏大度吧。

就这样，阮籍与司马昭周旋着，虚与委蛇，小心谨慎而又狂诞不羁地维持着自己谦卑弱小的生命。

阮籍好酒早已名声在外，现在又因为贪恋步兵营里的美酒而求取步兵校尉一职，更是让其好酒的性格尽人皆知，而这也给某些别有用心的人提供了可乘之机。当时，有个名叫陈协的治水官员，看到阮籍与司马昭的关系如此亲密，想通过阮籍为自己谋取更高的官职，于是投其所好，多次给阮籍送去美酒佳酿。阮籍生性豁达，也不计较陈协的小心思，把送来的美酒都收下了。后来司马昭要修筑九龙堰，阮籍就不失时机地向司马昭举荐了陈协，陈协虽然在求官上投机取巧，毕竟有治水的真本事，最终成功修筑了九龙堰。以阮籍不随便与小人、俗人交往的性格来看，他大概是看出陈协有治水的本领，有利于民生，才会收下送上门来的美酒吧。

慈母辞世

一天，阮籍正与人兴致勃勃地下着围棋，酣战之际，噩耗传来，母亲去世了。

阮籍三岁丧父，自幼与母亲相依为命。父亲去世后，家境贫寒，孤苦无助，是坚强的母亲忍着悲痛含辛茹苦地把阮籍抚养成人。对于母亲的养育之恩，阮籍铭记在心。他对母亲的孝顺在当时是出了名的，《晋书·阮籍传》说他“性至孝”，就是不是一般的孝顺，而是达到了极致的孝顺。也许在阮籍看来，母亲的这份恩情是永远难以回报的。

在常人看来，生性至孝的阮籍听说母亲去世的噩耗，一定会垂首顿足、号啕大哭。然而阮籍没有，他神色平静，好像什么事儿也没发生一样，随手捏起一枚棋子，轻轻地放在棋盘上，继续跟朋友下起了围棋。朋友本来以为阮籍会赶紧起身回家为母亲置办丧事，却发现阮籍并无此意，颇觉不合情理，这哪里是一个大孝子该有的举动啊。于是主动跟阮籍说，改天再下吧，起身就要离开。没想到阮籍坚决不同意，硬是要朋友留下来把这盘棋下完，朋友没有办法，只得从命。

一局终了，阮籍缓缓起身，端起酒杯，一口气喝了二斗酒，突然放声大哭，直吐了好几升血。痛哭之后，悲痛欲绝的阮籍开始置办母亲的丧事。母亲将要下葬的时候，他又吃了一块蒸猪腿，喝了三斗酒，然后强忍着哀痛去和母亲诀别，只说了一句话："完了。"大嚎一声，随即又口吐鲜血。因为过于哀恸，阮籍高大的身体一下子变得瘦骨嶙峋，险些丢掉自己的性命。

中国古代重视丧礼，居丧期间的饮食起居都有很多讲究，比如不能饮酒吃肉、不能婚嫁等。你看，阮籍又是豪饮，又是吃荤，放诞轻狂，不拘礼法，居丧的繁文缛节完全不放在眼里。可是，我们能因此就说阮籍的内心不悲痛么？不能。他实在是太悲痛了啊，吐血数升，形容憔悴，大半条性命都随母亲去了。这是发自内心的悲痛，它那么强大深沉，喷薄而出，就像决堤的洪水一样四处漫溢，横冲直撞，冲破迂腐的繁文缛节，尽情宣泄着最本真诚挚的哀思。

也只有阮籍的好友能体会这酒肉后面深沉的哀伤。有一天，阮籍的朋友裴楷前来吊丧，只见阮籍披头散发，喝得伶仃大醉，叉开双腿坐在床上，兀自发愣，既不招呼朋友，也不哭丧。裴楷对此毫不介意，径直走过去，往地上一跪，大哭一通，吊唁完就走了。有人好奇地问裴楷："凡是吊丧，主人哭，客人才行哭礼，阮籍既然不哭，您为什么还哭呢?"裴楷回答说："阮籍是世俗之外的人，所以不尊崇礼法；我们是世俗之中的人，所以要按礼法来约束自己。"裴楷对于阮籍的狂诞之举，不但没有非议，反而表示同情和理解，同那些以此为借口陷害阮籍的小人相比，真是天壤之别。

阮籍看人，根据来者的不同，眼色也不同。若是意气相投、志同道合的人，他就正眼直视，以青眼相待；若是那些他瞧不起、看不惯的世俗之士，他就马上把眼珠往旁边一转，斜眼看人。好为青白眼，是阮籍品评人物的一大绝招，这也难怪司马昭身边的小人们总是处心积虑地搜罗阮籍的把柄。为了保全性命，阮籍守口如瓶，从不轻易对人物时事发表评论。不过，心中的不满若老是憋在肚子里也实在难受，于是阮籍就练就了用眼色褒贬人物的妙技。对于来参加母亲丧礼的人，阮籍也用这么一双好为青白眼的眼睛看上一看。

像裴楷一样，对于大多数来吊丧的人，阮籍都懒得去招呼应酬。不过，偶尔遇到自己不喜欢的人，阮籍也毫不掩饰地用冷冷的白眼瞧上一瞧。这不，嵇康的哥哥嵇喜就遭遇了阮籍的白眼。这一天，嵇喜来到阮籍家吊丧，阮籍和嵇康是好友，如今阮籍母亲过世了，嵇喜过来吊丧，也算是略表心意，可是阮籍却毫不领情。原来嵇喜虽然是好友的哥哥，性格气度却和嵇康相差甚远，还热心于功名利禄，为不少人所不齿，“吕安题凤”的故事便是时人嘲讽嵇喜的一个典型。阮籍见嵇喜过来吊唁，满心的不高兴，眼珠一转，白眼一翻，好似要把嵇喜从他的视野中抹去一般。嵇喜一看，又尴尬又懊恼，他本是一番好意，却被冷眼相待，若是平时也就罢了，如今在丧礼这种场合还不忘嘲讽他一番，岂不是太过分了？嵇喜自觉没趣，快快不乐地告辞了。

回到家里后，嵇喜把自己的遭遇跟弟弟嵇康讲了，抱怨阮籍过于不近人情。嵇康听说后，心知以阮籍的脾气，嵇喜实在是自讨没趣，不过作为弟弟，也只得先安慰嵇喜两句，然后提着酒、抱着琴去拜访阮籍。嵇康不愧是阮籍的知己，酒和音乐都是居丧时的禁忌，一般拘泥于礼法的人，哪敢带着这两样东西去吊丧啊。而阮籍见嵇康到来，还提着酒、抱着琴，马上容颜大悦，露出黑色的眼珠，以青眼相待。两人一边喝酒，一边弹琴，阮籍不时还长啸数声，放歌一曲，就如平时和知己好友聚会一般，哪里顾忌那些烦琐的丧礼禁忌。在这浓浓的酒味中，在这清亮的琴音中，容颜消瘦的阮籍暂时忘却了丧母之痛。

当然，并非所有人都能如裴楷、嵇康一样理解乃至纵容阮籍的放荡不羁。在那些迂腐地恪守礼法的人看来，阮籍的肆无忌惮简直是对他们明目张胆的挑衅，因而对阮籍怀恨在心。

有一次，司马昭府中举行宴会，和往常一样，阮籍在宴会中又是饮酒，又是吃肉，完全不因还在守丧期而有所禁忌。旁边的司隶何曾看不下去了，当着司马昭的面质问阮籍，又向司马昭进言说："您刚刚提出要以孝来治理天下，阮籍居母丧，本应该遵守基本的守丧礼节，如今却败坏礼法，公然在这里饮酒吃肉，毫不顾忌，您难道就这样听之任之？像阮籍这样的行为绝不能姑息，应该把他流放到海外，以免败坏了中国的风俗！"阮籍听到何曾要求流放自己，也不畏怯，依旧面不改色地喝酒、吃肉。这时候，司马昭发话了："阮籍遭遇丧母之痛，消瘦憔悴成这番模样，你不能跟我一样担忧阮籍的性命，到底是为什么？况且若是因为有病而喝酒吃肉，这本来就是丧礼所允许的。"按照古代的丧礼，如果守丧期间生病，为了身体康复，是允许喝酒吃肉的，司马昭的反驳也算合情合理。

当时像何曾这样攻击阮籍的人，数量不少。他们要么抨击阮籍不遵守礼法，要么斥责他言谈浮夸，对于阮籍尸位素餐、一点也不把公事放在心上也是极为不满。对这些人而言，阮籍就是一个异类，一个与他们格格不入的怪胎。在阮籍的放诞任情面前，他们显得那么迂腐可笑、虚伪造作。这些人自然无法容忍阮籍对自己的挑衅，想方设法地要惩治阮籍，不停地在司马昭身边斥责阮籍的放荡浮夸，劝说其对阮籍加以惩罚。有的甚至故意去寻阮籍的把柄，想从阮籍那里搜罗一些大逆不道的言论，以此罗织阮籍的罪名。除了少数几个像嵇康一样的知己朋友，阮籍的处境很是艰难，就像是走在薄冰上一样，时时刻刻都得小心谨慎。世态炎凉、尔虞我诈，无处可以诉说，阮籍只能用文字倾吐自己的悲怨和无奈。

咏怀（其二十五）

拔剑临白刃，安能相中伤。
但畏工言子，称我三江旁。
飞泉流玉山，悬车栖扶桑。
日月径千里，素风发微霜。
势路有穷达，咨嗟安可长。

工言子：伶牙俐齿、花言巧语的人。指司马氏身边的谗佞小人，如钟会之流。

称：言说。

三江：原指吴江、钱塘江、浦阳江一带，为越国的疆土。越国战胜吴国后，越王勾践听信谗言，诛杀文种等贤臣。三江可能用来指越国统治者，这里借用典故，也可能暗指当时的掌权者司马氏。阮籍为人极为谨慎，不敢明说，故用“三江”来含糊其辞。

飞泉：古代神话中的瀑布，在昆仑山西南麓。

玉山：传说是西王母居住的地方，这里用来表示极西的地方，为日月落山处。

悬车：本指神话中为太阳驾车的羲和在偏于西方的悲泉暂时停车休息，此处指羲和停车于东方扶桑准备启程。

扶桑：神话传说中的神木名，在东海之中，是太阳升起的地方，这里表示极东的地方。

诗意为：当面拔出剑来，冷冰冰的剑刃透出寒冷的杀气，虽然杀气逼人，我却不会暗中受到伤害。比锋利的剑刃更可怕的，是小人的谗言。俗话说，明枪易躲，暗箭难防。我常常担忧那些巧言令色的小人，在司马氏身边说我的坏话。飞淌的瀑布从昆仑山上飞流直下，驾车的羲和又把车子停到了东边的扶桑树上休憩。天空是那么辽阔苍远，日月一天之间就可以运行千里，萧瑟的秋风吹过，地面上结起薄薄的冰霜。和阔大的宇宙相比，人生显得那么渺小、微不足道。人的仕途有困顿，也有显达，我长叹一声，那些汲汲于进取的小人啊，你们的显达得势又怎么可能长久呢。

这首诗抒发了阮籍对进谗小人的蔑视与愤恨。诗文以“拔剑”起笔，横空劈来，营造出一种紧张的气氛。紧接着，诗文说“工言子”的谗言恶语比敌人锋利的剑刃还要可怕，通过对比，凸显出阮籍对“工言子”的憎恶，愤恨之情跃然纸上。随后，诗人将视野放开，站在宇宙的高度来审视人生，日月周天运行，从东到西，千里之间，不过一天而已，秋风一起，冰霜降落，万物凋零。人生不就像这瞬息变化的自然界么？盛极必衰，物极必反，没有什么富贵显宦能够长盛不衰。在“日月径千里，素风发微霜”这些自然现象的基础上，最后以“势路有穷达，咨嗟安可长”收笔，更显得小人得势不可长久，字里行间流露出诗人对小人的蔑视以及坚信小人必败的信心。

任由那些蝇营狗苟的小人们去搬弄是非吧，终有一天他们都会像秋风扫落的枯叶一样，归于沉寂。阮籍冷眼看着这些奸谗小人，洒脱地端起一杯美酒，一饮而尽，美酒下肚，酒味醇厚，让人回味不倦。然而，又有些苦涩在心中慢慢浸润开来，就像一滴墨滴到了水中，慢慢晕染荡漾开来，侵蚀着阮籍忧郁的心灵，让他有些不堪重负。是的，阮籍固然对这些虚伪狡黠的面容嗤之以鼻，为了延续自己的性命，却不得不跟他们周旋。这种周旋让人充满了疲惫，阮籍游走于热热闹闹的将军府，人来人往，觥筹交错，谈笑声不绝于耳，竟找不到几个坦诚相待的朋友。眼前越是喧闹，阮籍的内心也就越发显得悲戚落寞。这种落寞孤独无时无刻不啃噬着阮籍的内心，当他一个人独处时，这种孤寂就来得更加强烈深沉。

咏怀（其十七）

独坐空堂上，谁可与亲者？
出门临永路，不见行车马。
登高望九州，悠悠分旷野。
孤鸟西北飞，离兽东南下。
日暮思亲友，晤言用自写。

永路：长长的道路。

九州：古人将中国分为九州，根据《尚书·禹贡》的记载，分别为冀、兖、青、徐、扬、豫、荆、梁、雍九州，这里泛指中国。

离兽：走散的野兽。

晤言：两人相对而谈。

写：这里同“泻”，宣泄，消除。

阮籍一个人独自坐在空落落的厅堂上，四周寂寥无声，更显出他的落寞孤寂。沉寂的空气似乎要把时间都定格在这里，没有一丝暖意，没有一丝温情。天下之大，人来人往，哪个才是我可以亲近的人呢？没有人应答，只有空荡荡的厅堂兀自空荡荡地支撑在那里。去外面看看吧，或许能遇见一个可以倾心相谈的人呢。阮籍缓缓起身，慢慢走出厅堂，迈出大门，面对着长长的道路，延伸远去，直到消失在天际尽头。只是，这长长的道路上，竟然看不到一辆车马经过，没有人声，没有行迹。天空苍远辽阔，更显得阮籍的孤寂卑微。没有车马，没有人迹，阮籍依然心有不甘，他执著地坚持寻找。于是，阮籍登上了高高的山冈，站在高山上举目四望，偌大的中国，都在视野之中。大地辽阔，荒野苍茫。眼前苍凉的景色再一次让阮籍失望了：失群的孤鸟向西北方远远地飞走了，离散的野兽仓皇向东南方跑去。中国之大，竟然没有一个人影，所见唯有鸟兽而已。更悲戚的是，就是这鸟兽也是“孤鸟”“离兽”，连鸟兽都如此孤独、落寞。天色渐晚，昏黄的落日缓缓从苍阔的天空中沉落下去，静寂的黑夜即将来临。在这孤寂无人的黑夜，阮籍更加思念他的亲友，他多么希望能有个人可以倾吐自己的忧愁啊。

堂中无人，路中无人，就连阔大的九州，也依旧空无一人。这是何等的荒凉、寂寥啊。陈子昂《登幽州台歌》说："前不见古人，后不见来者。念天地之悠悠，独怆然而涕下。"不也是这样落寞孤寂吗？宇宙之浩渺，时间之久远，他们却都看不到一个人影。果真没有人么？是看不到可以知心的人，找不到可以寄托自己抱负的人。这种孤寂就像无尽的黑夜一样没有边际，身处其中，没有一丝可以逃离的希望，也没有一个可以依靠的知己，只能一个人无助地浸泡在这黑暗之中，任其侵蚀。

这首诗语言直白，平淡如话，表达的孤寂寥落之感却是十分深厚沉重。诗歌采用即景言情、直抒胸臆的表现手法，随着诗人位置的转移与变化，从寂寞的空堂，到漫漫的长路，再到荒漠的原野，由近及远、从狭到广逐步展开视野，描绘出一个荒凉凋敝的空间。"西北飞""东南下"两句，互文见义，形容辽阔的九州之中，到处都是失群的孤鸟和离散的野兽，更衬托出诗人的孤寂心境。这荒漠的原野，惊慌的鸟兽，分明是那个阴森恐怖、黑暗纷乱的现实社会的总体象征。结尾两句写日暮之际思念亲友之情，与开篇写独坐空堂、无与相亲者相呼应，将孤苦之情倾吐出来。无人而寻人，寻人而不得，这真是一个无人的世界，这真是一个寂寞的世界，而这便是阮籍所生活的时代，也是他所不得不面对的时代。

淮南三叛

“飞鸟尽，良弓藏；狡兔死，走狗烹”（《史记·越王勾践世家》），这是当年范蠡劝说越国大夫文种的话。在残酷的政治斗争中，有时功劳过于显著或是势力过于强大，也未必是一件好事儿。短暂的合作之后，掌权者为了巩固自己的统治，常常不惜反目为仇，必除之而后快。历史上遭此厄运的人不在少数。吴国名将伍子胥、灭秦大将韩信、汉七国之乱的平定者周亚夫，莫不在功成名就之后身首异处。甘露二年（257），淮南三叛的主角之一诸葛诞也是如此。

诸葛诞是诸葛丰的后人，与诸葛瑾、诸葛亮是同族。诸葛诞也是曹魏政权的多朝大臣，曾担任御史中丞、尚书等职，与散骑侍郎夏侯玄等人关系甚好。魏明帝曹叡即位后，因为厌恶夏侯玄、诸葛诞等人浮华夸饰，将其免官。齐王曹芳时期，大将军曹爽辅佐幼帝，为了扩大自己的势力，重新启用何晏、夏侯玄、诸葛诞等人，诸葛诞随之复职，出任扬州刺史，加昭武将军。

嘉平三年（251），太尉王凌发动淮南一叛时，司马懿领兵讨伐，诸葛诞被任命为镇东将军，假节都督扬州军事，封山阳亭侯。正元二年（255），镇东将军毌丘俭和扬州刺史文钦发动淮南二叛以后，司马师亲自率兵征讨。在这次行动中，诸葛诞率兵前往寿春，与司马师、胡遵等人兵分多路围剿毌丘俭、文钦。不久文钦兵败、毌丘俭弃城逃亡，诸葛诞率先进占叛军的据点寿春，稳定战局，使东吴救援军队无可乘之机。因为长期驻守淮南，诸葛诞被任命为镇东大将军、仪同三司、都督扬州诸军事，主掌青、兖、徐、扬四州军事大权。征伐行动后期，诸葛诞又率部将乘胜追击东吴军，并斩杀东吴大将留赞，战果不凡。战后，诸葛诞因功获封高平侯，食邑三千五百户，转任征东大将军。

如果升迁后的诸葛诞能够像朝中某些见风使舵的大

臣一样，一心顺从司马氏集团，为司马昭效力，或许还不会落到后来的下场。不过历史是不能假设的，诸葛诞在一路高升之时，对曹魏的政治局势，尤其是对司马氏的专横擅权开始有了些不满。他虽然参与了司马氏平叛淮南一叛、二叛的军事行动，也因为在平叛中战绩可嘉而得到司马氏的重用和提拔，不过面对司马氏的野蛮血腥，尤其是看到好友邓飏、夏侯玄等人先后被司马氏诛杀，而王凌、毌丘俭等人也被夷灭三族的凄惨下场，诸葛诞心中的不安在慢慢滋长。司马氏权倾朝野，诸葛诞怎么能保证下一个如此下场的不会是自己呢？为了以防万一，诸葛诞在表面上为司马昭效力的同时，在淮南笼络人心，又蓄养了数千人的死士以求自保。甘露元年（256），诸葛诞以东吴进犯边境为由，向朝廷要求增兵十万，并请求沿淮河筑城抵御。

诸葛诞的这一切举动，自然逃不过司马昭的耳目。当时司马昭刚刚执掌朝政，担心各地将领心存异议，就派刚任命的大将军司马贾充到诸葛诞那里打探情况。贾充到达淮南后，故意试探诸葛诞说："天下之人都同意皇帝禅位，您以为怎么样呢？"诸葛诞厉声斥责道："你难道不是贾逵的儿子吗？你们家族世代享受曹魏的恩惠，怎可以辜负国家，想要把曹魏江山让给他人？如果洛阳皇帝有难，我定会拼死一搏！”诸葛诞显然是忠于曹魏的，而正是他的这一政治表态给自己招来了灭顶之灾。

贾充回到洛阳后，马上向司马昭禀报了自己打探到的情况，并进言说：“诸葛诞在扬州早有威名，将士百姓都愿意为他拼死效力。看他的部队规模，日后定会反叛。趁着他现在势力还不是很强大进行征讨，很容易成功，若是放任不管，以后肯定会酿成祸患。”为了避免自己夺权时诸葛诞起兵反抗，司马昭听从贾充的计谋，征召诸葛诞为司空，入朝任职，以此逼反诸葛诞。这实在是个阴险的计谋，诸葛诞若是应诏，入朝为官，相当于自动放弃自己的军权，以后只能听任司马昭的宰割；而诸葛诞若是拒绝应诏，就是跟司马昭表明自己忠心于曹魏的政治立场。不管诸葛诞的抉择如何，他都将面临一个进退两难的处境。

一切皆在司马昭的掌握之中。诸葛诞接到诏令后，十分恐惧，他权衡再三，自动放弃兵权只能听任司马昭摆布，还不如放手一搏起兵叛乱。贾充的计谋得逞了，甘露二年（257），诸葛诞在仓促之中举兵反叛。当年诸葛诞在毌丘俭叛乱前，拒绝了毌丘俭与他联手抵抗司马氏的请求，不仅如此，还协助司马氏围剿毌丘俭叛乱，那时的诸葛诞大概不会想到，自己日后竟也会成为司马氏镇压的对象。时局就是这样的变幻莫测，仅仅几年的时间，诸葛诞就从平叛大将变成了叛乱将领。

司马昭率兵二十六万亲征诸葛诞，为了壮大自己的势力，诸葛诞向东吴请兵求援。遗憾的是，诸葛诞和东吴援军很快就被司马昭部将包围，多次突围都没有获得成功，伤亡惨重，加以军心涣散，投降者众多，这次叛变最后以失败告终。诸葛诞在逃亡途中，被大将军司马胡奋手下士兵所杀，而他的家族也被司马昭诛灭三族，淮南三叛的最后一叛就这样悲戚地落下了帷幕。

在司马氏加紧篡权的时代，诸葛诞的悲剧正好印证了《庄子·盗跖》中所说的“顺吾意则生，逆吾心则死”。顺我者昌，逆我者亡，顺从司马昭的意图就能生存下来，若是违逆了司马昭的心思就只能招致灭亡。尽管诸葛诞在此前的淮南叛乱平叛中立功不小，一旦不肯听命于司马昭，马上就被司马昭用计谋清除掉，这对当时拥护曹魏的朝臣将领来说，不能不胆战心寒。一个个诛杀三族的血腥酷刑，逼着他们在决定自己的政治立场时，三思而后行，顾虑自己和家人的安危。事实也是如此，淮南三叛以后，朝廷上很少再有手握实权的朝臣大将支持魏帝曹髦，一些人选择了缄默不言，一些人则趋炎附势地转而拥护司马昭。魏势已尽，剩下的时日不过是司马昭留给曹魏的苟延残喘罢了。

对于司马昭的阴险狡诈，阮籍内心十分清楚，他清醒地知道，尽管司马昭放纵他的各种荒诞任情之举，一旦在向背问题上触动了司马昭的利益，必定给自己招来祸患，诸葛诞的下场是再好不过的反面教材了。也正是看准了司马昭的凶狠狡黠，阮籍为了保全自己的性命，才不得不和司马昭保持若即若离的关系。他费尽周折从司马氏和曹魏的斗争漩涡中抽身出来，给自己谋了个远离政治斗争的步兵校尉，又不敢与司马氏彻底撇清干系，所以但凡将军府中有宴会之类的活动，他都乐此不疲地去赶场参加。他两腿一伸，箕踞在坐席上，尽情地喝酒，狂放地吃肉，那酒肉的甘美滋味，只怕早已被阮籍苦闷的内心化成了一汪苦水。

想彻底抽身而不得，阮籍只得在曹魏和司马氏二者中间小心翼翼地保持平衡，日子过得艰辛局促，就像踩在薄薄的冰层上一样，稍不留意，就有可能被冰冷的河水所吞噬。

咏怀（其三十三）

一日复一夕，一夕复一朝。
颜色改平常，精神自损消。
胸中怀汤火，变化故相招。
万事无穷极，知谋苦不饶。
但恐须臾间，魂气随风飘。
终身履薄冰，谁知我心焦。

颜色：面容。

汤火：沸水和烈火。

知谋：智慧谋略。

饶：丰富，多。

大意是：一天接着一夜，一夜之后又是一天，时间难挨，度日如年，我的面容渐渐变得跟以往大不一样，精神也跟着一天天损耗。我的胸中就像怀着沸水和烈火一般难受，世间万物变化无穷，不停地来招惹我，而我却智谋不多，难以应付。我常常担心就在片刻之间，自己的魂气随着一阵冷风飘散而去。这一生过得就像踩在薄冰之上，战战兢兢，提心吊胆，又有谁知道我的内心像被烈火焦烤一般？

阮籍的诗常常表达自己害怕遭遇祸患的忧惧之情，曾为阮籍诗作注的唐人李善就指出阮籍“常恐罹谤遭祸，因兹发咏，故每有忧生之嗟”(《文选·咏怀诗注》)，这首诗集中而典型地表现了这种“忧生之嗟”。阮籍的诗多用比兴象征的表现手法，此诗则一反常态，直抒胸臆，以如泣如诉的语言慨叹自己在窒息的政治重压下一天天衰弱下去，性命不保的艰难处境。全诗用词简约，而意义丰富，一点也不单调化、概念化。开篇“一日复一夕，一夕复一朝”采用回环往复的句式，很好地表现了阮籍内心理不出头绪、难以挣脱的周而复始的郁结和忧伤，仿佛一个不停歇滚动的车轮，不停地从凄苦的内心碾压过去，营造了一个苦闷、纠结的氛围。同时，用“汤火”“薄冰”等简单直白的比喻，形象地刻画了阮籍内心难以平复的焦灼和政治环境的险恶。“但恐须臾间，魂气随风飘”一句，更是以平淡如话的语言，将生命的纤弱易逝表现得凄厉而苍凉，生命就像一粒尘埃、一片秋叶，随时可能在秋风中散落而去，把全诗的感情波澜推向高潮。在用韵上，全诗以深沉、和缓的平声韵一韵到底，给人一种愁结难伸的压抑感，烘托了诗人在重压下惴惴不安地苦度日月的窘迫遭遇。

第五章，找寻出口

穷途痛哭

这是一个无路可走的时代。

阮籍少年胸怀大志，有拯济苍生之心，他熟读儒家经典，按照传统儒家的价值观来构建自己的人生方向。阮籍把自己雕琢成了一块洁白的美玉，却痛苦地发现，在他所生活的这个时代，根本就找不到可以出售自己这块美玉的人。更可悲的是，面对这块焕发着光泽的美玉，不时有人想摧毁它、击碎它。

如果阮籍甘愿放弃自己曾经念念不忘的理想，甘愿委身于这个炙手可热的司马氏政权，甘愿和他所鄙夷的小人为伍，也许阮籍不会过得那么痛楚，那么胆战心惊、如履薄冰。只是，这一切的一切，阮籍都做不到。尽管动荡残酷的时局把阮籍实现梦想的一切可能打得粉碎，他还是依旧执著地守护着自己心中的底线和良知。面对重压，阮籍虽然选择了有限度的妥协，可是在他的内心，依旧不肯向现实做彻底的屈服。一面是热忱的抱负，一面是冰冷的现实；一面是严酷的禁锢打压，一面是坚持和不屈从。在这种对抗较量面前，个人的力量显得如此微弱苍白，生命的空间被冷峻的现实挤压得越来越小，小得让人喘不过气来。阮籍在挣扎，他要给自己寻找一个出口，一个排解苦闷的出口，一个能继续生存下来的出口。

酒与琴自然是阮籍愁苦生活的一个出口。除此之外，阮籍还有一个重要的宣泄出口，就是独自驾车出行。他时常一时兴起，说走即走，一个人驾着车子出去散心。阮籍出行的方式也与众不同，普通人多是有一个大致的方向和目的地，而阮籍没有，他一个人坐在车上，漫无目的地肆意游荡，任凭马儿随意往前走去。大路也好，小径也罢，阮籍完全不在乎，就这样晃悠悠地坐在马车上，看着路边的树木、野花颠簸着从自己的视野中退去。路边的景色固然可嘉，遗憾的是，这放任马儿随意选择的道路，总有走到尽头的时候。眼前一片荒草，或是一片丛林，来时的道路在这里戛然而止，马儿停下它略带疲惫的马蹄，悠悠地喘两口气，静静地伫立在路的尽头，耐心等待主人的命令。

阮籍看着戛然而止的道路，听着马儿悠悠地喘气声，顿时一股悲戚之情涌上心头。无路可走！他号啕大哭，似乎要把所有的委屈、悲怨都一股脑儿地发泄出来。哭声消逝在空旷的荒野中，没有回音，只有马儿不时用怜悯的眼神看看车上这位任情不羁的主人。无路可走！阮籍又定睛看了在荒草丛中中断的路径，沉痛地缓缓掉过马车，任由马儿踏着来时的路往回走。

这便是“穷途恸哭”的故事，因为阮籍，中国才有了这么一个悲戚而又令人慨叹的典故。穷途恸哭，阮籍那么绝望无助，一个人在荒野中放声大哭，难道仅仅哭的是马车无路可走了么？不是的，人生无路可走，才是真正令人悲痛绝望的。曹魏的名存实亡，司马氏的权倾朝野，曾经炽热的梦想在一次又一次残暴血腥的杀戮中显得那么苍白无力。阮籍的生活就像这断绝的路径一样，司马氏早已把通往梦想的路径暴力地截断，没有出口。无路可走！他只能驾着马车返回，就像他不得不又重新回到司马氏门下一样。一次次的出行，一次次的恸哭而返，在那个随时可能被诬陷的时代，恐怕也只有这样的荒诞之举才能宣泄阮籍心中的苦闷和绝望了。这是阮籍的悲剧，也是整个魏晋时代的悲剧。

“驾言出游，以写我忧”（《诗经·邶风·泉水》），既然无路可走，还是驾着马车出去散散心吧。去看看山，去观观水，或许抑郁的心绪能得到暂时的慰藉。这一天，阮籍驾着马车来到一座高山旁，他不紧不慢地爬上山岗，放眼望去，辽阔的原野绵延远去，直到苍茫的天际。突然阮籍看到北面郁郁葱葱的青山上有松柏森森，而苍翠的松柏之下，则是累累坟冢，几只飞鸟从荒坟上空鸣叫飞过。眼前这一景着实触动了阮籍的痛楚，让他感慨万千。

咏怀（其十三）

登高临四野，北望青山阿。
松柏翳冈岑，飞鸟鸣相过。
感慨怀辛酸，怨毒常苦多。
李公悲东门，苏子狭三河。
求仁自得仁，岂复叹咨嗟。

北望：古人安葬通常在城郭的北面，所以这里说“北望”。

阿：山角。

松柏：古代在坟墓上种植松柏、梧桐等用来标示坟墓。

翳：遮蔽，形容松柏很多。

岑：小而高的山。

怨毒：仇怨。

阮籍本来是想出来散散心的，只是这突然闯入视野中的累累坟冢，一下子扰乱了他的心绪。那累累坟冢之下，埋葬着怎样的故人？人的生命是有限的，人生自古谁无死，富贵也好，贫苦也罢，得势也好，失意也罢，都逃不过时间的围栏，最终都将化为一抔黄土。人生的荣辱得失也伴着这冰冷的黄土，永远地沉睡过去。在永恒的时间面前，人的生命是如此的短暂无常，更悲戚的是，在这短暂而又无常的生命中，时常充满着仇怨，热心名利的人相互争斗、倾轧、陷害和杀戮，甚至置生命于不顾。

“李公悲东门”，这里的李公指李斯。李斯早年家境贫寒，决心一定要飞黄腾达。他在秦朝为官，秦始皇时官至丞相，后来遭到赵高陷害，被秦二世处死，腰斩于咸阳市。临刑时，李斯对儿子说："我想跟你再牵着黄猎狗到上蔡东门外打猎，这个还能办得到吗?"悲叹自己连父子游猎的生活也丧失了。

"苏子狭三河"，苏子即苏秦，三河指渭河、北洛河、黄河。苏秦是战国时期著名纵横家，他认为三河之地太狭小，不足以实现他的志向抱负，于是离开家乡，游说六国联合抗秦，充任六国联盟宰相，身佩六国印，显赫一时。后来齐国有人与苏秦争宠，派人刺杀苏秦，苏秦将要丧命的时候，献计齐王，把自己车裂于市，扬言苏秦为燕国作乱，最终才抓到了刺客。

荣华落尽，只落得身首异处。人生短暂无常，这样的道理有多少人能够真正参透，又有多少人执迷于功名利禄而丧失了自己的性命呢？历史上的苏秦、李斯不就是因为贪图富贵而招来祸端，死于非命么？"感慨怀酸辛，怨毒常苦多"，人生在世，实在是太艰难了呀。

阮籍将如何做出自己的选择呢？看惯了历史上的刀光剑影，阮籍明白，一切荣华富贵终将成为过眼云烟，而生命才是最值得珍视的。"求仁自得仁，岂复叹咨嗟"，阮籍要像伯夷、叔齐那样，坚守自己的理想，即使饥饿而死，也无怨无悔。事实上，阮籍也确如诗中所说，终其一生都坚守着自己的道德底线和原则。

叹无英雄

阮籍的心实在是太累、太疲惫了，周旋于曹魏政权和司马氏家族之间，还得时刻提防着小人们的谗言陷害，生活留给自己的只剩下一个小小的角落，就像一只本应该展翅高飞的鸿鹄，稍微张扬起厚实的翅膀准备飞向高空，就被四周的罗网硬生生地羁绊住了，伸展不得，只能透过交错纵横的网格，遥望那澄澈辽远的天空。

还是不要远望那辽阔的天空了吧，对于一只深陷罗网、再也无法展翅高飞的鸿鹄来说，这一次次、一遍遍、一天天的远望，某种程度只会增加内心的痛楚，以及渴望自由而不得的绝望。阮籍又何尝不是如此呢？执著于遥不可及的梦想，无异于一次次揭开自己还未痊愈的伤疤，所得到的只能是钻心的疼痛。还是不要与自己过不去了吧，那曾经真切的梦想，如今早已变得缥缈模糊，试着去淡忘吧。阮籍的心实在太累了，这个时代已经无路可走，如果自己也不给自己一个出口，他实在不知道拖着焦虑疲惫的身躯还能侥幸存活多久。暂且放一放吧。阮籍试着去遗忘，曾经的梦想固然美好，固然振奋人心，在当下无法实现的时代，却可能成为阮籍精神的重压。给自己减减负吧。阮籍纵酒弄琴，独驾远游，在这美酒中，在这山水中，去消散去遗忘曾经的宏图大志。

阮籍努力让自己忘却，在某些短暂的片刻，他似乎确实在酒味中、在游目骋怀中，渐渐淡忘了自己美好的志向。只是，再漫长的醉酒也有醒来的时候。为了遗忘而遗忘，终究不是一个万全长久的疗伤法。因为少年时代所萌发的抱负，早已融入了他的血液，成为他生命的一部分。阮籍越是压抑自己不去触碰它，反而把沉寂的理想更深刻地印到了自己的内心，比遗忘之前更加鲜明真切。

咏怀（其三十九）

壮士何慷慨，志欲威八荒。
驱车远行役，受命念自忘。
良弓挟乌号，明甲有精光。
临难不顾生，身死魂飞扬。

岂为全躯士？效命争战场。
忠为百世荣，义使令名彰。
垂声谢后世，气节故有常。

慷慨：意气风发，情绪激昂。

八荒：海外荒远之地。古人以为九州之外四海，四海之外便是八荒。

乌号：古代一种良弓的名称。

明甲：有光泽的铠甲。

垂声：声名流传后世。

谢：告诉。

故：通“固”，本来。

常：准则，常轨。

这首诗描写了一个胸怀大志、效命疆场的壮士形象：他志向高远，立志要建立边功，扬名海外，大有叱咤风云、吞吐宇宙的气势；当国家边疆有事时，壮士立刻响应君王的号召，驱车从戎，奔赴战场，丝毫不顾惜自身安危；驰骋在疆场上，壮士是何等的意气风发，飒爽英姿，他骑着英俊的战马，手拿精良的弓箭，身穿光泽发亮的铠甲，在纷乱的刀光剑影之间，奋勇征战，即使身死疆场、马革裹尸，也在所不惜。这样一个英勇豪迈的壮士，他的耿耿忠心将流芳百世，凛凛大义将名扬天下，他的声誉与气节也都将永垂后世，绽放光芒。

阮籍为了避祸全身，平日里谨小慎微，佯狂不羁，而这首诗却写得慷慨激昂，笔力遒劲，大开大合，读来酣畅淋漓，沉着痛快，仿佛一股山洪陡然喷发，又宛若高悬的瀑布奔腾而下。伴随着急促的节奏和浑厚的韵律，我们仿佛看到一个英勇善战的壮士正身骑战马，手持弓箭与敌人厮杀，战鼓咚咚，烟尘弥漫，紧张之中洋溢着豪迈之气，不禁让人想到了曹植的名作《白马篇》，那个"控弦破左的，右发摧月支。仰手接飞猱，俯身散马蹄"的游侠少年，那个"弃身锋刃端，性命安可怀……捐躯赴国难，视死忽如归"的慷慨少年，和阮籍笔下的壮士是何等的相似啊！

这是一个胸怀大志的壮士，这是一个英勇豪迈的壮士，这是一个视死如归的壮士。他是如此的鲜活生动，仿佛阮籍写的不是旁观中的别人，而是他自己一般。是啊，这个壮士身上又何尝没有阮籍自己的影子呢？他从小胸怀大志，他也曾"少年学击刺"，渴望着驰骋沙场，建功立业。遗憾的是，严酷的现实没能给阮籍提供这样的机会。虽然他试着去遗忘，一旦有所触碰，那曾经的梦想就如同冰封的种子在春阳中解冻一般，融化、萌芽、滋长。阮籍把自己逝去的志向都寄托在了笔下这个勇猛善战的壮士身上，他写的不仅是壮士，更是写他自己，写那个在如履薄冰的环境中不敢显露张扬的另一个自己。

阮籍为了宣泄自己的忧愁，常常喜欢独自一人驾着马车到处游玩。这种远游有时候似乎并没有很好地起到“写忧”的目的。阮籍眼中都看到了什么呢？他登高远望，结果却看到了累累坟冢，在苍翠的松柏掩映下，更显得人生短暂渺小；独坐空堂的他来到旷野寻人，却只看到飞鸟远去，禽兽奔走，更衬托出他的孤寂寥落。驾车远游，本是为了逃避，最终却是触景伤情，反而更增愁闷。阮籍，他到底还是放不下啊。所以当阮籍登上广武山的时候，发出了“时无英雄，使竖子成名”的慨叹。

广武山在河南省荥阳市黄河南岸，古代又称作三皇山、敖山。广武山地理位置极为险要，北面滚滚黄河紧贴山脚而过，南面沟壑纵横，群峰峥嵘，是古代的交通咽喉，自古就有“万年横天险”之称，乃兵家必争之地。历史上，这里发生的大大小小的战争有百余次之多，其中最著名的大概便是楚汉之争。广武山上有一条南北走向的巨大鸿沟，也称广武涧，深二百多米，口宽八百多米，楚汉之争便围绕着这条鸿沟而展开。中国象棋盘上的“楚河”“汉界”即指此鸿沟。

阮籍驾着马车晃晃悠悠地到了广武山下，手中提着酒，一边爬山，一边放眼远望，不时喝上几口美酒。远离了那些奸邪小人，阮籍总算可以洒脱洒脱了。广武山峰峦秀丽，姿态各异，可是眼前的这些景致，阮籍似乎并不很在意。他胸口憋着一股劲儿，一心往山上走去。到了，到了。阮籍缓缓地停下脚步，眼前是一条延绵而去的巨大鸿沟，如果脚步稍不安稳，就可能从陡峻的山坡上滑落下去。这不是一条普普通通的鸿沟，不仅在于它的位置险峻，更在于历史所赋予它的重大意义。阮籍知道，这就是当年楚汉之争最核心的战场了。

硝烟已散，历史无声，青山依旧。曾经的浴血激战、战马嘶鸣都随着清风消逝在时光的长河中，唯有那巨大的鸿沟，那对峙的青山，还有那残留的古迹，诉说着逝去的故事，提醒着阮籍那不是一段虚无的梦境，而是历史的真实存在。阮籍在山坡上朝下看了看眼前的这条广武涧，想起楚汉之争的结局，不禁深深喟叹道：“时无英雄，使竖子成名。”(《晋书·阮籍传》)

旷日弥久的楚汉之争，阮籍对它的评论竟然短短不足十字，这实在是再简洁不过的评论了。竖子，指未成年的童仆，在古代也可以用来表示对人的蔑称，这里与“英雄”相对，就是用的蔑称一义。只是，这个“竖子”到底指的是谁呢？古代有人以为是指汉高祖刘邦，晚于阮籍四五百年的诗仙李白，也曾和阮籍一样登上广武山，凭吊古迹。想起阮籍在这里凭吊古战场的历史往事，李白在《登广武古战场怀古》中写道：“沉湎呼竖子，狂言非至公。抚掌黄河曲，嗤嗤阮嗣宗。”在李白看来，刘邦平定天下，功劳卓著，阮籍称刘邦为“竖子”，简直是口出狂言，不过是酒醉之后的一派胡言罢了，哪里是什么公允之论。所以他站在黄河边上拍手大笑，阮籍的见识实在是太短浅了啊。

不过有人认为这里的“竖子”并非指刘邦，北宋大文学家苏轼就对李白这首诗中的看法提出了异议。有一次苏轼的好友史经臣问苏东坡，阮籍说的“竖子”是不是指的沛公刘邦。苏轼回答说：“非也，伤时无刘、项也，竖子指魏晋间人耳。”（《东坡志林·广武叹》）认为阮籍是因为感叹魏晋之际没有刘邦、项羽这样的豪杰人物，竖子指的是当时阴谋篡权、凶狠残忍的魏晋人。后来苏轼读到李白诗中对阮籍的嘲讽，还特地为阮籍进行辩解。在苏轼看来，阮籍虽然狂妄放荡，但是胸怀大志，渴望能够拯民济世，有所作为，遗憾的是魏晋之间仕途坎坷，变故迭出，才不得不纵酒佯狂，阮籍再放荡不羁，也不至于称沛公为竖子。

是的，阮籍也曾胸怀梦想，也曾渴望建功立业，诗中的“壮士何慷慨，志欲威八荒”，又何尝不是他自己的志向呢？只是时代没能给他提供一个可能的机会，他那么绝望地恸哭而返，就是因为如履薄冰，无路可走。也许恰如苏轼所剖析的，阮籍所喟叹的是身处动荡黑暗的魏晋时代，成名的竟然都是司马氏这样的专横弄权之人。

古城沧桑，广武峥嵘，或许口不臧否人物的阮籍这次破天荒地大发评论，为了不引起当权者的猜忌打击，才故意说得如此模棱两可、含混不清吧！只是不管阮籍心中的真实所指为谁，这个短小而又深沉的喟叹中，都有他自己的影子在里面，有自己的志向、寄托在里面，更有无尽的失落、无奈、愤懑在里面。阮籍，他把自己的慨叹都融入了这一条巨大的鸿沟中，融入了这一片苍茫的山色中。后人再登广武山凭吊古迹，便总是不由自主地想到当年愁闷不舒的阮籍，还有他这句千古之叹。

追怀之旅仍在继续。阮籍登罢广武山，重新坐上那驾随他东游西走的马车，又一次上路了，这次的目的地是虎牢关。虎牢关在河南荥阳市汜水镇，据说因西周时期穆王曾在此牢虎而得名，又称为汜水关，距离广武山不远。虎牢关南连嵩岳，北濒黄河，山岭交错，绝岸峻涯，是洛阳东边门户和重要的关隘，大有“一夫当关，万夫莫开”之势，自古为险要戍守之地和兵家必争之地。

同广武山一样，这里也曾发生过很多著名的战争，是历史悠久的古战场。战国时期，群雄逐鹿，合纵连横，风云变幻。为抵制西秦东进，齐、楚、燕、韩、赵、魏六国联盟，派兵驻守虎牢关和秦国对抗，可谓一关而集天下之兵。秦朝末年，围绕战略要地成皋（今河南省荥阳市汜水镇），楚汉争霸在虎牢关一带展开拉锯战式反复争夺，这就是著名的成皋之战。

阮籍站在虎牢关上，深情地望着都城洛阳的方向，心里五味杂陈，感慨万千。他就这样静静地望着，似乎要把洛阳深深地嵌入自己的眼眸之中，再慢慢地渗透到内心深处，和自己的血液一同流淌。如今，阮籍所能做的，恐怕也就是这样遥远的注视了吧。脚下是见证历史沧桑的热土，远方是可望而不可即的都城洛阳，这强烈的反差冲撞着阮籍的内心。阮籍一时诗兴大发，随即吟就了诗歌一首，这便是《豪杰诗》。遗憾的是，这首《豪杰诗》未能在时间的长河中留存下来，很早就消失在历史的光影中。阮籍在诗中对历史豪杰有着怎样的看法，又抒发了何种情怀，这些我们都已不得而知。虽然如此，单单“豪杰诗”这一夺人眼目的诗名，结合阮籍广武山上“时无英雄，使竖子成名”的喟叹，我们不难猜测，诗中当不仅仅称颂历史上的豪杰英雄，更是慨叹生不逢时、宏图难展的愤懑和无奈。阮籍是以历史之酒杯，浇自己胸中之块垒啊！

临下山之时，阮籍又留恋地望了望都城洛阳的方向，一道残阳从远方斜照过来，给洛阳染上了淡淡的昏黄，仿佛昭示着魏国命运的日薄西山。阮籍心中一阵凄凉，深深地叹了口气，这才依依不舍地下了山，把自己的落寞、孤寂都留给了这苍茫的旷野。他一步步地向山下走去，时间之旅再一次开启，楚汉争霸、西汉、东汉、魏武帝、魏明帝，阮籍知道和历史短暂的对话之后，他不得不重新回到现实世界，回到自己不得不面对的现今和当下。

长生无望

“人生忽如寄，寿无金石固”，人生匆匆如过路的旅客，生命远没有金石长久，《古诗十九首》中的这篇《驱车上东门》可谓道出了古往今来人们对于生命的唏嘘和慨叹。人的生命是有限的，在浩渺无穷的宇宙之中，个体显得那么渺小微茫，即便再长寿的人，也无法逃脱生命终结的命运。更何况，人生无常，天灾人祸、战乱疾病等夺走了无数人的性命。婴儿刚出生不久就夭折，人到年富力强之年而身患重疾，或者遭遇战乱而身死旷野，生命的脆弱和无常强烈地刺激着人们的内心，古人不禁喟叹，要是人也能像金石一样生命长存该多好啊。正是在这样的希冀中，一个个离世脱俗的仙人形象诞生了，王子乔、赤松子，他们远离人世羁绊，超脱了生老病死，逍遥于天地之间，给人们苦闷的心灵带来些许慰藉。

人是脆弱的，尤其是面对生命的变幻无常，渴求生命永生的愿望就会变得更加强烈。阮籍所处的时代，正是一个世事变幻的时代。他从纷争战乱的东汉末期一路走来，眼睁睁地看着生灵涂炭、骨肉分离；后来三分天下，曹魏国势渐强，百姓渐安，正准备建功立业，魏国却进入了三马食槽的局面；权力斗争频繁上演，天下名士由此而丧命的不计其数，大批士人惨遭杀戮。生命的脆弱无常强烈地刺激着阮籍的心灵，想到自己“但恐须臾间，魂气随风飘”的艰难处境，生命就像风中的一只残烛，随时可能被吹灭，阮籍不禁对自由逍遥的神仙产生了向往。

咏怀（其八十一）

昔有神仙者，羡门及松乔。
噏习九阳间，升遐叽云霄。
人生乐长久，百年自言辽。
白日陨隅谷，一夕不再朝。
岂若遗世物，登明遂飘飖。

羡门及松乔：羡门，羡门子高，秦汉时著名方士，人称千岁翁；松乔，即赤松子及王子乔，古代神仙名。

噏习：呼吸。

隅谷：古代神话中的日落之处。

大意是：人生苦短，哪里比得上高蹈脱俗的仙人们呀。羡门子高、赤松子、王子乔这些仙人们，他们遨游于天地之间，在高高的苍穹上空自由呼吸，他们飘然而飞，采食那洁白的云朵。仙人们在天地之间畅游往来，无所羁绊，实在是让人心生羡慕啊。和仙人们相比，人的一生显得如此短暂，一百岁对于人类而言，已经算是非常长寿的了。哪个人不希望生命能够长长久久呢？太阳在隅谷落山，一天就过去了；漫漫长夜，即使等到天明，也不再是今天的这个早晨了。时间就像河中的流水一样，奔流不息，而人的生命也在时间的流逝中渐渐走向了终点。要是能像仙人们那样遗落人世的羁绊，羽化登仙，与天地精神独往来，那该有多好啊！

那个时候，在河内郡的苏门山有一个隐士名叫孙登。这个孙登平生没有什么产业，也没有家室，他在苏门山凿了一个石窟当作自己的居所，夏天的时候就编织茅草作为衣裳，冬天的时候就披散着头发遮盖自己的身体。孙登平时沉默寡言，喜欢研习《易经》、老庄之言，还精通音律，善于长啸，弹得一手好琴。据说，他的琴很独特，只有一根琴弦。孙登性格温和，从来不发脾气，有人故意捉弄他，把他投入水中，想看他发怒的样子，结果孙登从水中爬起来，哈哈大笑，毫不介意。孙登长年隐居在苏门山，超然世外，与世无争，俨然成了一个世外高人。虽然如此，孙登的名声却不胫而走，不少人慕名而来，想一睹隐者尊荣，跟这个遗世独立的高人讨教讨教。

在慕名而来的人中，阮籍就是其中的一位。其实早在阮籍之前，他的好友嵇康就曾慕名拜访过孙登。准确地说，嵇康不是拜访，而是游学，大概是觉得孙登见高识远，嵇康在苏门山一待就是三年。可是孙登沉默寡言，嵇康问他有什么人生目标和抱负，孙登始终不肯答话，虽然求学心切，到头来却没有从孙登那里得到多少收获。最后临走的时候，嵇康还是心有不甘，问孙登道："先生难道没有什么赠别之言吗？"

这回，孙登破天荒地答话了，他嘱咐嵇康道："你知道火吧。火生而有光，如果不会用它的光，光就形同虚物，所以重要的在于能够用光。人也是一样，人生而有才，如果不会用自己的才，才能就等于荒废，对人而言，重要的是用好自己的才能。用光的关键在于得到薪柴，这样才能保持长久的光耀；用才的关键在于认知自然之道，如此才能保全天年。你虽然博学多才，但是见识寡浅，恐怕在当今这个世道不会有什么好结果。你就没有其他的追求了么？"

对于孙登的劝诫，嵇康未能接受，后来果然被司马昭所害。临终，嵇康在狱中写了首《幽愤诗》，诗中有“昔惭柳惠，今愧孙登”两句，深表感慨，后悔当初没有听从孙登的劝告。当然，这些都是后话。不过由此可以看出，孙登虽然少言寡语，但见识深远，很有一番识人的功夫。

同嵇康一样，阮籍也是久闻孙登之名，所以特地到苏门山去造访。时局如此混乱，孙登应该有什么高见吧。阮籍这样想着，驾着马车，载着一肚子的疑惑出了门。来到山上，好不容易找到孙登，只见他披散着头发，怡然自得地坐在岩石下面弹琴。阮籍从下面赶紧趋步上前，也不待孙登招呼，自作主张地坐在了孙登对面。孙登见到阮籍后，也不言语，依旧旁若无人地弹琴自娱。就这样兀自对坐了一会儿，阮籍实在是按捺不住了，把满肚子的疑惑一股脑儿地全倒了出来。他向孙登询问对于古代三皇五帝的看法，对于上古无为之道的见解，还有导气养神的方法。总之，对于眼前这个高人，阮籍把他能想到的问题都问了个遍。

此番求教的结果如何呢？和好友嵇康的遭遇别无二致，面对阮籍的询问，孙登一言不发，好像没有听到一般，对阮籍看都不看一眼。阮籍又等了一会儿，自觉没趣，便起身准备下山。大概是感慨得不到孙登的指教，阮籍对着群山云天长啸起来，嘹亮的啸声在群山中回荡飘散。长啸过后，阮籍心有不甘地下了山，等他走到半山腰的时候，突然从远处传来孙登的长啸声。那声音如天乐同奏，又像百凤齐鸣，清亮婉转，在山野林谷之间流淌开来。阮籍是长啸的大家，听着孙登如天籁般的啸声，他知道这是孙登在用啸声回答他刚才所提出的问题。他静静地听着，暗自赞叹不已，此等美妙脱俗的啸声，真是人间哪得几回闻。阮籍听着听着，心中的疑惑也渐渐解开，一曲终了，群山无声，阮籍心中却已豁然开朗。他意犹未尽地下了山，奋笔写就了《大人先生传》。

大人先生是阮籍心中的理想人格，它是阮籍在原型孙登的基础上，加以抽象而成的。那么，阮籍笔下的大人先生是怎样的形象呢？他古往今来无所不知，“陈天地之始、言神农黄帝之事，昭然也”，从开天辟地到神农皇帝的事迹，他都清清楚楚的。他寿命长久，“莫知其生年之数……养性延寿，与自然齐光”，没有人知道他生活的岁数，他怡情养性，延年益寿，跟大自然一样光彩。更重要的是，他能够挣脱名利的羁绊，顺应自然之道，逍遥于天地之间，“其视尧、舜之所事，若手中耳。以万里为一步，以千岁为一朝。行不赴而居不处，求乎大道而无所寓。先生以应变顺和，天地为家，运去势颓，魁然独存”。古人所津津乐道的尧舜的丰功伟绩，在他看来，只是像手掌心里的东西而已。他把万里之遥看作走了一步，把千年之久当作一个早晨，旅行不是为了到达某个目的地，居住也不要一定的处所，只探索大道而无须具体寄托。大人先生顺应自然的造化，以天地为家，因而即使人世间的时运消失，形势衰颓，他依然能够独立存在。

大人先生长生不老，顺应造化，逍遥于天地之间，如果通俗一点来讲，阮籍笔下的大人先生就是仙人形象。这是阮籍苦闷心灵的寄托，现实如此逼仄局促，他只能在内心给自己创造一个阔大的精神世界。当他感到备受压抑的时候，想想这个逍遥自在的大人先生，心中多少会好受一些。只是，这种自我安慰并不能次次奏效，因为阮籍清醒地知道，现实中仙人根本不存在，这不过是人类用来麻痹自我的精神药剂罢了。

咏怀（其四十一）

天网弥四野，六翮掩不舒。
随波纷纶客，泛泛若浮凫。
生命无期度，朝夕有不虞。

列仙停修龄，养志在冲虚。

飘飖云日间，邈与世路殊。

荣名非己宝，声色焉足娱。

采药无旋返，神仙志不符。

逼此良可惑，令我久踌躇。

六翮（hé）：指健鸟的翅膀。

无期度：没有确定的期限，意指生命无常。

不虞：意外，指突然死亡。

冲虚：冲淡虚空，道家认为这样才能养性全真。

司马氏权倾朝野，对士人严密监控，生活在这样的时代，就仿佛有一张巨大的天网覆盖着天底下的一切，令人窒息得喘不过气来。阮籍本来有济世之志，他渴望像鸿鹄一样展翅高飞，然而当他腾空飞跃的时候，翅膀却被这巨大的天网羁绊住了，根本施展不开。他，注定无法飞向遥远的蓝天。而那些丧失气节的礼俗之士们，却丝毫没有感觉到天网的压力。他们像那些野鸭、鸥鸟一样，在名利场中随波逐流，扑腾着翅膀，忙得不亦乐乎。面对这样的势利之徒，阮籍怎能不感到悲哀。“生命无期度，朝夕有不虞”，生命无常，可能就在朝夕之间，生命就走向了终点。这热热闹闹的名利场中，能够有幸保全性命的又有多少？多少人因为贪念一时的名利而葬送了自己的性命。这实在是时代的悲哀。

有人随波逐流，有人超然世外。“列仙停修龄，养志在冲虚”，面对黑暗的现实，有人选择了逃避，他们炼丹养生，以求长生不老；怡养性情，淡泊无为，以保持自己的本真之心。他们在高高的云海之上逍遥往来，远离了人世的烦恼。功名利禄不是我所看重的，音乐美色又岂能让我感到欢乐，人世已经没有什么留恋，要是能像仙人一样飘然世外该多好啊。

只是，这终究是一个虚无的幻想。“采药无旋返，神仙志不符”，当年秦始皇多次派使者到海外仙山采集不死之药，最终又有哪一个返回了呢？阮籍好不容易给自己找到了一个寄托，很快又发现这不过是空想罢了。长生不老的愿望从来就没有实现过，羽化成仙终究是不可信的。

入世不得，求仙不能。“逼此良可惑，令我久踌躇”，生逢乱世，空有一腔报国之志，何处才是人生的出口？要像那些随波逐流的凫鸟一样吗？阮籍做不到。要学那些服药求仙的人吗？这一切不过是逃避现实的自欺欺人。这进退两难、无路可走的处境压得阮籍喘不过气来。他在人生的路口久久徘徊、彷徨，想找寻一条可以走通的道路，最终悲凉地发现，人生仍旧无路可走。

任由自然

自从汉武帝罢黜百家、独尊儒术以来，儒家成为古代中国的主流思想。因为儒家很强调正名，古代也把儒教称之为名教。同古代的很多士人一样，阮籍曾经把儒教作为自己人生的信仰，他熟读诗书，渴望建功立业。然而现实是残酷的，权势斗争面前，阮籍绝望地发现，当权者所鼓吹的儒家道德，不过是他们篡权这一丑陋面目的一块遮羞布罢了。司马氏打着以孝治天下的幌子，私底下却是大肆残杀异己，何等地虚伪阴险。这时的“儒家”，早已不是原来拯济苍生的儒家，而成了打击异党、残杀名士的工具。

因为信仰，所以面对儒教的沦丧，阮籍内心的悲痛就来得格外凄凉，对虚伪的抨击也来得格外猛烈。对于那些看似唯唯诺诺、循规蹈矩、恪守三纲五常的礼法之士，阮籍在《大人先生传》中借大人先生之言辛辣地讽刺道：

且汝独不见夫虱之处于裈中，逃乎深缝，匿乎坏絮，自以为吉宅也。行不敢离缝际，动不敢出裈裆，自以为得绳墨也。饥则啮人，自以为无穷食也。然炎丘火流，焦邑灭都，群虱死与裈中而不能出。汝君子之处区内，亦何异夫虱之处裈中乎？悲夫！而乃自以为远祸近福，坚无穷也。亦观夫阳乌游于尘外，而鹪鹩戏于蓬艾，小大固不相及，汝又何以为若君子闻于余乎？

区内：指人世间。

阳乌：神话传说中住在太阳里的三足乌。

大意是：你难道就看不见那些住在裤子里的虱子吗？它们逃进深深的裤缝中，躲藏在败坏的棉絮里，自以为找到了吉利的家宅。一辈子不敢离开裤缝的边际，也不敢越出裤裆之外，却自以为获得了行为的准绳。它们饥饿了就咬人，自以为这是吃不完的食物。然而一旦火山爆发，火流滚滚，烧焦城邑，这一群群虱子最终死在裤子里，不能逃出来。你们这些所谓的君子住在人世间，又跟虱子住在裤子里有什么区别呢？实在是可悲啊。你们反而自以为远离祸患，临近福禄。看看太阳中的三足乌在尘世之外游玩，而鹪鹩这种小鸟却只能在蓬蒿丛中嬉戏，人世间见识的大小本来就是不能相提并论的呀。

这是何等尖酸的嘲讽。那些满口仁义道德的君子，在阮籍看来，不过是生活在裤裆里的虱子罢了，自以为是、见识短浅，只顾眼前利益，最终殃及性命都不知悔改。阮籍不要做这样虚假的礼法之士，他要做最真实、最自由的自己。

于是，历史上便多了这样一个看似放浪形骸、任情不羁的阮籍。含辛茹苦地把阮籍抚养大的母亲去世了，阮籍又是饮酒，又是吃肉，世俗眼中的丧礼全然不顾。可是，谁能因此说阮籍对丧母毫无悲戚之心呢？他比谁都悲痛啊，他吐血数升，形容憔悴，连性命都差点搭了进去。阮籍不是按照传统的丧礼在守孝，而是用自己的心在守孝，看似放荡的外表背后，是一颗赤忱的孝子之心。他舍名求实，在一个名不符实的时代，以看似放浪的方式求真。

对于传统礼法所规避的行为，阮籍也不在意。有一次，阮籍的嫂嫂要回家省亲，那时回家省亲来回要花不少时间，阮籍听说之后，赶紧到兄弟家和嫂嫂告别。这就是魏晋史上著名的“阮籍别嫂”的故事。在现在看来，阮籍别嫂没有什么大不了的，可是在古代，这可是违背礼法的怪异之举。

我们都知道，古代强调“男女大防”，也就是所谓的“男女授受不亲”，其中一种就是“嫂叔不通问”（《礼记·曲礼》），嫂嫂与小叔互不过问。因为礼法上的这些约束，孟子的学生还曾特地问道，“如果嫂嫂掉进了水里，要不要伸手援救”这样一个犯难的问题。可见在古代，叔嫂关系是备受关注的。如今，阮籍竟然堂而皇之地去和嫂嫂告别，这在当时自然引起了不小的轰动，有人甚至因此而嘲笑他。不过，阮籍对此完全不以为意，反而理直气壮地反问道：“礼岂为我设邪？”礼法难道是为我而设的么？想给嫂嫂送行便去告别，在阮籍那里，没有礼法，只有真情。

阮籍好饮酒，他的邻居正好是卖酒的。邻居有个年轻的媳妇，容貌十分漂亮，每天坐在酒垆边卖酒。阮籍好酒，自然少不了来邻居家串串门儿、喝喝酒。阮籍喝醉之后，就地睡在少妇的身边，毫不忌讳。《礼记·曲礼》中说“男女不杂坐”，男女都不能随便坐在一起，更别说醉酒之后睡在别人妻子旁边了。且不说古代礼法有所禁止，就是放到现在，阮籍的此番举动也会受到不少人非议。

结果如何呢？少妇的丈夫看到这般场景，刚开始很是怀疑。不过他细观察后，发现阮籍根本没有不轨之心，只是躺在旁边醉眠而已。从此以后，邻居对阮籍这一惊世骇俗的举动见怪不怪，不生半点儿疑心。

阮籍就是这样的放荡不羁，随心所欲，那些世俗的眼光全然不放在眼里。当时，一个武人家的女儿才貌双全，可惜短命，还没出嫁就去世了。阮籍听说后，虽然不认识她的父亲和兄弟，径直跑到人家那里去哭丧，尽情地哭够了才回来。一般人在意的是是否符合礼法，而阮籍在意的是自己的真实情感。人生无常，一个美好的生命就这样去世了，这怎能不让人悲伤？在古代，有的人不把女性当作独立的个体，女性的去世也不会引起他们的伤感；有的人虽然心有感慨，可是囿于世俗之见，也不会去为一个素不相识的陌生女子哭丧。而阮籍不仅同情女子的命运，更难能可贵的是，在如此讲究礼法的古代，他敢于大胆地去表达自己的情感。

也许，阮籍不仅为早亡的女子而哭，也是为自己而哭，女子才貌双全却短命早亡，他自己博学多才却宏图难展，从这一角度而言，他们都是同样的不幸。要哭就哭个够吧，为生命的无常而哭，为命运的坎坷而哭，无法改变现状，就在这尽情的泪水中释放自己的压抑和苦闷吧。

礼法之士恪守繁文缛节，阮籍则任情洒脱地宣泄自己的情感。《晋书·阮籍传》说他“外坦荡而内淳至”，外表坦率任性、放荡不羁，而内心质朴纯真，这才是怪异荒诞背后真实的阮籍。

第六章，晚年时光

曹髦被弑

司马师废掉齐王曹芳后，另立了身为宗室的高贵乡公曹髦为新君。当时曹髦才十三四岁，司马师拥立曹髦，其用意很是明了，就是要这个年纪轻轻的皇帝成为新一任傀儡皇帝，为司马氏家族的进一步擅权铺平道路。遗憾的是，司马师选中的这颗棋子，并没有如司马氏所愿。曹髦虽然年纪尚小，论政治权谋、实力等各方面，都很难和如日中天的司马氏家族抗衡，但是曹髦少年老成，心怀大志，并不甘心就此放弃曹魏江山，任由司马氏摆布。他就像东汉末的汉献帝一样，时刻等待着机会，为保住曹魏基业作最后的拼搏。

司马师因病卒于军中时，曹髦曾利用司马昭前往探望的时机，试图收回司马昭的兵权，可惜司马昭拒不应诏。这以后，曹髦为了保存实力，表面上不得不与司马昭敷衍周旋。反对司马氏的淮南三叛被陆续镇压，曹髦心中的悲痛可想而知，忠心于曹魏的朝廷大臣大受打压，曹魏的根基也受到了极大的削弱。司马氏炙手可热，而曹魏则岌岌可危，随时可能被司马氏篡权，曹髦和司马昭的关系变得日益紧张起来。

甘露四年（259）正月，为曹魏命运而闷闷不乐的曹髦听大臣上报了一件怪事儿：有人在豫州宁陵县的井中发现了两条黄龙。众所周知，在古代，龙可是天子的象征，如今黄龙现身，朝廷大臣都认为这是吉祥之兆，纷纷表示庆贺。但是当朝天子曹髦不这么认为，他说："龙象征着君王，如今龙既没有飞腾在天上，也没有出现在田间，而是困顿在水井之中，这实在是幽困的征兆啊。"《易经》乾卦中说"九二，见龙在田，利见大人"；"九五，飞龙在天，利见大人"，认为龙出现在田间，或者飞腾于天上，都是吉兆。现在龙出现之处，显然不是古人认为吉兆的地方，联想到自己被司马氏所逼迫的处境，曹髦顾影自怜，很是伤感，于是作了一首《潜龙诗》来形容自己的遭际。

诗云："伤哉龙受困，不能越深渊。上不飞天汉，下不见于田。蟠居于井底，鳅鳝舞其前。藏牙伏爪甲，嗟我亦同然！"受困于水井之中的潜龙只能屈辱地蜷缩在小小的水井之中，眼睁睁地看着泥鳅、黄鳝在面前张牙舞爪、耀武扬威，自己只能藏起锋利的牙齿，把爪子和鳞甲埋伏在泥沼之中，多么悲惨的命运啊。"嗟我亦同然"，而这又何尝不是我曹髦的处境呢？我虽然贵为真龙天子，但是在这个朝臣擅权、本末倒置的世界，跟那井中的黄龙同样可悲可怜啊！

《潜龙诗》是曹髦哀叹自己的卑微命运，更彰显了曹髦不甘于傀儡终老的抗争决心。要知道《易经》乾卦说"初九，潜龙勿用"，说龙还处在潜伏阶段，还需要积蓄力量，一旦时机成熟，"初九"的"潜龙"就会发展成"九五"中的"飞龙在天"，赢得天下。对于曹髦诗中流露的不满和反抗，司马昭自然是心知肚明，也由此对这个不顺从的小皇帝更加警惕和防范。

甘露五年（260）五月，一向忍气吞声、委曲求全的曹髦终于忍无可忍，决定铤而走险、放手一搏。为何在这时作出这样的决定呢？原来就在刚刚过去的四月，迫于朝廷大臣的种种压力，曹髦不得不下诏，将司马昭由大将军晋升为相国，封为晋公，并赐予九锡之礼。这已经是继司马昭平定诸葛诞叛乱后的第二次加封，司马昭仍然假惺惺地一再推辞谦让。魏晋禅代的局面初步形成，熟悉汉末历史的人都知道，这与汉献帝加封曹氏的情形是何等相似，一国之君才是司马昭所追求的目标。曹髦担心再这样发展下去，自己很可能重蹈汉献帝的命运，被迫将曹魏天下拱手让人，于是决定先发制人，诛杀司马昭。

五月初六夜里，曹髦下命在陵云台埋伏了甲士，又派人把跟随自己的几个心腹大臣找来，他们一个是侍中王沈，一个是尚书王经，还有一个是散骑常侍王业。对着眼前的这几位大臣，曹髦说出了那句千古名言，“司马昭之心，路人皆知也”，我不能坐等被废的羞辱，今天要和你们一起去讨伐他。几个大臣知道凭曹髦现在的实力，势单力薄，这样做无异于飞蛾扑火，都劝他暂时忍耐。尚书王经劝谏道：“朝廷大权落在司马昭手里，已经不是一天两天了，满朝文武都听命于司马昭，这样鲁莽行动，后果不堪设想。”曹髦不肯听从，亲自率领着甲兵、侍卫去袭击司马昭，他哪里知道，被他视为心腹的王沈、王业已经向司马昭通风报信去了。

这次行动的结果可想而知。司马昭接到王沈、王业二人的情报，马上就做了周密的部署戒备，静静等待曹髦的进攻。曹髦这一边由卫兵、太监和奴仆组成的临时军队在曹髦的率领下，几百个人从皇宫里呼喊着冲了出来，直奔司马昭的相府而去。曹髦的军队在东止车门遇到了司马昭弟弟屯骑校尉司马伷的军队，士兵一面拼杀，一面怒声呵斥，司马伷的部下都吓得逃走了。

曹髦率兵继续前进，在皇宫的南阙之下，碰到了中护军贾充率领的阻击部队。曹髦亲自用剑拼杀，贾充的士兵开始时奋力抵抗，不过毕竟心虚害怕，很快就要败下阵来。就在这个紧要关头，太子舍人成济问贾充说："情况紧急，中护军看怎么办?"贾充恶狠狠地说："司马家蓄养你们这些人，为的就是今日，还迟疑什么?"成济一听，立刻抽出长矛，向曹髦刺杀过去。可怜的曹髦毫无防守之力，就这样被成济的长矛从前胸穿背而过，当即身亡。一国之君就这样活活被乱臣贼子刺杀了，一场宫闱之变由此结束。

曹髦被弑后，导演了这场惨剧的司马昭假惺惺地悲痛万分。弑君的成济本想借此一功得到司马昭的嘉奖和提拔，可他哪里知道，他不过是司马昭手下的一粒棋子罢了，用完即弃。司马昭为了表明自己的清白和无辜，下令重惩弑君的人，成济被杀，同时被诛灭三族，成为历史上著名的替罪羊。

从司马师废立魏帝到司马昭默许部下弑君，司马氏的篡权企图已经明如白日，正如被弑的曹髦所言："司马昭之心，路人皆知也。"曹髦为了挽救曹魏政权的命运，献出了自己的生命，而这并不能阻止司马昭篡权的步伐。相反，曹髦行动的失败，进一步打击了朝廷中拥护曹魏的大臣。是啊，连皇帝都敢弑杀的人，还有什么做不出呢？任何阻挡司马昭擅权的行为，都将是"蚍蜉撼大树，可笑不自量"。在这场行动中忠于曹髦的尚书王经，后来即被司马昭借故满门抄斩。

这里值得一提的是，阮籍曾做过曹髦的散骑常侍，而这次宫闱之变的参与者中就有官任散骑常侍的王业。试想一下，如果不是阮籍当时主动要求去做东平相，得以金蝉脱壳，作为皇帝身边官员的阮籍，难保不被卷入这场征讨行动中。到那时，忠诚或是背叛，都将逼着阮籍作出一个非此即彼的选择。所幸这时的阮籍不过是一个远离政治中心、无足轻重的步兵校尉罢了，他富有远见地躲开了这次朝廷巨变。

阮籍心底对司马昭的心狠手辣十分清楚，只是当曹髦被弑的噩耗传来，同朝廷中的很多人一样，阮籍还是吃惊不小，犹如晴天霹雳。他缓缓地举起营厨中的美酒，想哭又不敢哭出来，呆呆地愣了片刻，这才将杯中的美酒一饮而尽。曾经他颇为贪杯的佳酿，这时下肚，却完全不是个滋味，就像一把锋利的匕首在肚里横冲直撞，难以下咽。阮籍喝的不是美酒，而是无处言说的悲哀和痛楚。

阮籍把无尽的悲恸和失意喝下肚里，又把这些悲恸和失意倾吐在诗句中。

咏怀（其七）

炎暑惟兹夏，三旬将欲移。
芳树垂绿叶，青云自逶迤。
四时更代谢，日月递参差。
徘徊空堂上，忉怛莫我知。
愿睹卒欢好，不见悲别离。

逶迤：从容自得的样子。

参差：大小、高低不齐的样子，这里形容日月的升降。

忉怛：哀伤悲痛。

夏季是一年中最热的季节，而六月又是炎热夏季中最酷暑难耐的时候。虽然如此，六月的景色也有可赏之处。枝繁叶茂的树木低垂着深绿的叶子，在地上洒落一片浓密的凉荫。蔚蓝高远的天空之上，一朵朵白云在空中慢悠悠地游走飘动，显得那么怡然自得、从容悠闲。时光荏苒，岁月流逝，酷热的六月渐渐逝去，紧接着凉爽萧瑟的秋季就要来临。眼前的绿叶在秋风中慢慢凋零，生命也开始走向衰亡，世界一片凋敝。太阳和月亮交替升落，而夏去秋来，冬去春至，一年四季就在这一升一落之间完成了彼此的更迭。

岁月无声。在这样炎热的夏季，阮籍一个人在空荡荡的厅堂之上独自徘徊。透过门前那几株茂盛的大树，他似乎看到时光从这密密的叶缝中间悄悄流逝，带着生命的青春气息，想抓都抓不住。阮籍又缓缓地踱了几步，心中默默感叹，时间就这样流走了啊。看着绿叶和青云在阳光中都是那么悠然自得，阮籍心中又是一阵悲痛。“忉怛莫我知”，生命短暂，本该尽情享受，而我却连个知心的人都找不到，又有谁能体谅我的苦衷呢？没有。堂上无人、路上无人、原野无人，这是一个孤寂冷落的世界，孤寂得人心里冰凉凉的，与这炎热的天气毫不相称。

无人理解，留给阮籍的只是深深的哀伤和悲痛，任他一个人在空落落的厅堂上独自咀嚼煎熬。自然界的生命无常，绿叶也会变成枯叶，而人与人之间的情感又何尝不是如此呢？刚开始的时候深情款款，感情友好，随着时间的流逝，尤其是面对现实利益的考验时，多少人为了利益而分道扬镳，甚至成为仇人。这不能不让人心寒。现实是无情的，虽然如此，阮籍还是希望在这短暂无常的人世中，人们能够保持原来那份美好、真挚的感情，始终如一，“愿睹卒欢好，不见悲别离”，他实在不忍心看到原本相好的人最终落个生离死别的结局。

阮籍这首诗表面上主要是感慨时光易逝和生命感情的变化无常，但似乎又不仅仅如此。你也许还记得前面说到，阮籍诗中用“是时鹑火中，日月正相望”所指代的九、十月这一时间段，来暗指嘉平六年（254）曹芳被废一事。阮籍这首诗中特别写到“炎暑惟兹夏”，也就是六月这一时间，是不是也有所深意呢？甘露五年（260）五月，曹髦因为夺权行动失败而被弑，六月，司马昭立年仅十五岁的常道乡公曹奂为帝，改元景元。联系这一历史事实，很可能阮籍此诗就是因魏帝废立有感而发写作的。深谙司马昭为人的阮籍知道，他不可能直白地表达对曹髦被弑的悲痛，而只能通过这种隐晦的方式。

如果阮籍这首诗确如我们所猜测的这般，那么结尾“愿睹卒欢好，不见悲别离”一句可能就不是泛泛而谈希望人们彼此之间的情感始终如一，而是另有所指了。六年之前，司马师废曹芳另立曹髦；六年之后，司马师的弟弟司马昭杀死了曹髦，另立常道乡公曹奂。魏国的两任国君，都是废立由人，完全被司马氏所掌控。司马懿曾经为曹魏政权立下了汗马功劳，魏前期的几任统治者大多待司马懿不薄，如今司马氏为篡夺政权，甚至连皇帝都敢杀害，这不是分道扬镳、反目为仇了么？在这种背景下登基的曹奂，他的命运不能不让人担忧。曹奂会不会如曹芳一样被废掉，甚至会不会如曹髦一样被杀害，在司马昭加紧篡权计划的时刻，这一切担忧都有可能发生。阮籍正是带着这份沉甸甸的忧虑，发出了“愿睹卒欢好，不见悲别离”的呼唤，他实在不愿看到更多的惨剧发生。

对于曹髦的不幸，阮籍是同情的。而对于那些在这次行动中听命于司马昭甚至倒戈的朝廷中人，阮籍则是冷冷的蔑视。在阮籍看来，这些为一己私利而见风使舵的人，就像风中的尘埃，终将被秋风席卷而去。

咏怀（其八）

灼灼西颓日，余光照我衣。
回风吹四壁，寒鸟相因依。
周周尚衔羽，蛩蛩亦念饥。
如何当路子，磬折忘所归。
岂为夸誉名，憔悴使心悲。
宁与燕雀翔，不随黄鹄飞。
黄鹄游四海，中路将安归。

灼灼：形容颜色光亮火红。

周周：传说中的鸟名，头重尾巴短屈，独自饮水会掉进河里，因此相互衔着羽毛在河边喝水。

蛩蛩：传说中的兽名，又叫邛邛。据说西方有一种比肩兽，名叫“蟨”，常常与邛邛、岠虚（兽名）相伴而行。蛩蛩外形如马，前足似鹿，后足像兔，因为前足高而不便于吃草，但奔走迅速。蟨的体形便于吃草而不善于奔跑，经常为蛩蛩、岠虚觅食甘草，有难时，蛩蛩、岠虚便背着它逃跑。

磬：古代一种打击乐器，外形轮廓看上去像人在鞠躬，磬折在这里比喻弯腰曲背的样子。

红日西斜，又一天在烦闷中度过了。阮籍远远地望着日落的地方，这时的太阳是那么的光亮红火，红彤彤像盛开枝头的桃花，又像涂了腮红的佳人的俊脸。绚丽的晚霞铺展了大半个天空，映衬得天空更加高远，让人沉醉迷恋。夕阳的余晖斜斜地照在阮籍的衣服上，给素白的衣服染上了一层温暖的红光。多么绚美的日落啊。只可惜，“夕阳无限好，只是近黄昏”，白天就要结束，夜晚即将来临。阮籍玩味着眼前缓缓隐入地平线的落日，想到魏国的命运，心中不免又是一阵叹息。日渐没落的魏国不就恰如眼前这轮红红的夕阳么，改朝换代已成为逃不掉的宿命。

绚丽过后，天空又重新恢复了平静，夜幕渐渐降临。回旋的寒风裹挟着风沙、落叶急骤地吹过来，呼呼作响，四周的墙壁也被这无所不至的寒风充斥着。一切变得萧瑟冷清起来，阮籍下意识地裹紧了衣服。凛冽的寒风中，鸟儿冻得瑟瑟发抖，彼此依偎在一起相互取暖。这无处可逃的寒冷啊，就像这黑暗无常的人世一样，让人找不到可以庇护的地方。生在这样凄冷残酷的时代，个人该怎样安顿自己的人生呢？这是每个人都不得不面对的问题。

有人坚守忠诚，有人趋炎附势；有人临危护主，有人见风使舵。阮籍想到朝中人的种种取舍，一阵难过悲哀在寒风中扑面而来。哎，阮籍实在想不清楚，人有时候怎么连动物都还不及呢？你看周周这种鸟喝水的时候，为了不掉进河里，尚且还知道互相衔着羽毛；蛩蛩为了不挨饿，就和蟨结伴而行，蟨为它觅食甘草，而它则在危难时背着蟨逃跑。动物尚且在危难时顾及自己的安全，而生为万物之灵的人呢？你瞧，那些当权的大臣们，贪念于功名利禄，巧言谄媚，阿谀奉承，哪里还记得保持应有的品节德行。“磬折忘所归”，王沈、王业、成济之流，不都是为了私利临难背主的么？这实在让人心痛啊。

面对时代的纷乱，阮籍的内心是坚定的，他不要成为这样卑鄙的小人。难道阮籍是为了给后世留下一个清高的名声么？不是的。在这场尔虞我诈、相互利用的斗争中，又有多少人能够保全自我呢？成济本想凭借弑君来向司马昭邀功，结果却打错了如意算盘，成了司马昭手下的替罪羊。这一幕幕的算计利用，怎能不让人心寒？

漆黑之中，寒风肆虐。阮籍将何去何从？是做一只安于现状的平庸的燕雀，在篱落之间嬉戏度日，还是追随那志向高远的黄鹄展翅高飞？阮籍也曾有过炽热的梦想，也曾渴望过大展宏图，只是，在这一片漆黑之中，阮籍最终选择了做一只平庸的燕雀。阮籍不是不想做那只高飞的黄鹄，而是生处这样严酷的时代，纵然能够暂时畅游四海，中途又将在何处寻得栖息之地呢？

不趋炎附势、随波逐流，也不再执著于少年时的梦想抱负，安于平庸，明哲保身，这就是阮籍的选择，这就是阮籍在那个时代所作出的无奈选择。

嵇康遇害

曹髦被弑后，甘露五年（260）六月，年仅十五岁的常道乡公曹奂即位，这就是魏元帝，同时改元景元。同曹髦一样，曹奂不过是司马昭掌控下的又一个傀儡皇帝罢了，魏国早已奄奄一息、名存实亡。

时间沉闷得让人窒息，仿佛一个行将就木的人等待着最后的宣判。这时，几粒碎石投进时间的湖水中，搅乱了平静的湖水。这几个碎石都与阮籍的好友嵇康有关。

景元二年（261），史上有名的知己断交发生了，这便是嵇康写给山涛的那封著名的《与山巨源绝交书》。从原本志趣相投的知己好友，到如今的愤然断交，嵇康和山涛走到今天这种地步，实在让人唏嘘感慨。

原来事情的起因是这样的：前面提到过，和中国古代的大多数士人一样，山涛从小就有做官的志向，不过直到四十岁才正式踏入仕途，做了一个郡官。对于这来之不易的官位，山涛自然十分珍惜，然而身处朝政动荡时期，山涛的仕途并非一帆风顺。随着曹爽与司马氏集团矛盾的日益尖锐，他敏锐地感觉到自己的危险处境。所以，就在阮籍辞去曹爽参军的同一时期，也就是正始九年（248），山涛为了避免卷入争端，也辞官隐退了。对于渴望大有作为的山涛而言，可想而知，虽然无奈辞官隐退，但他并没有因此而减少对为官的热情。山涛一直在等待时机，伺机而动。

随着曹爽集团被一举摧毁，朝廷已经大半成了司马氏的天下，山涛出山的机会到了。山涛和司马氏有姻亲关系，和司马氏兄弟处得也不错，在司马氏手下为官，只要不犯原则性的错误，肯定不会有性命之忧。司马师执政之后，看出了山涛想要做官的心思，而山涛也有归顺之意，很快就被推举为秀才，授予郎中一职。山涛懂得权宜之变，所以深得司马氏兄弟赏识，官位也一再升迁。景元二年（261），山涛已经官至吏部尚书郎了。就在这个时候，山涛再一次得到了司马昭的提拔，这次是征召他去做大将军府的从事郎中，由谁来接替自己吏部尚书郎一职呢？山涛想到了嵇康。

推荐好友接替自己的职位，从常理来看，这是再正常不过的事。只是山涛此举虽然看似好心，却不合嵇康之意。要知道嵇康是曹氏宗亲，又十分不满司马氏的所作所为，加上本身无心仕途，对当官一事是能避就避，能推就推。司马昭上台后，曾经向嵇康发出邀请，希望他能出来做官。对此，嵇康坚决不干，还跑到河东躲避去了，而且一躲就是三年。在魏晋易代的敏感时期，嵇康的这种不合作态度自然也多少召来了司马昭的不满。或许也是出于缓和嵇康与当权者司马昭紧张关系的意图，山涛出任大将军从事郎中时，马上想到了由好友嵇康来接替自己。

对于山涛的举荐，嵇康又气又恼，这么多年两人以知己好友相待，怎么竟然完全不了解自己的志趣呢？这种朋友哪里还能继续交往下去，嵇康一气呵成，提笔写就了那篇流芳千古的《与山巨源绝交书》，作为对山涛举荐的回应。

《与山巨源绝交书》开篇就说，过去你曾在人面前说我不愿出仕，还以为是知己之言，哪知道后来你竟然几次想让我接替你的职务，原来你之前并不足够了解我。我性情疏懒，不修边幅，不讲卫生，喜欢自由自在的生活，不愿受到任何拘束。要硬逼着去做官，有“七不堪”“二不可”：一是自己喜欢睡懒觉，做官之后，早晨看门的差役就会大呼小叫地喊我起床，这是第一个不堪忍受的；二是自己喜欢抱着古琴四处游荡，又喜欢到野外射鸟钓鱼，而做官之后，身边总是跟着吏卒，前簇后拥，不得妄动，这是第二个忍受不了的；三是做官的人要正襟危坐，四肢麻木了也不能摇晃，而自己身上有很多虱子，痒痒起来定要挠个没完，要是这时再穿上厚厚的官服去揖拜上级官员，更是难受，这是第三个受不了的；四是自己平时不习惯也不喜欢写信，做官之后，各种文书堆满书案，不回复，有违礼教，勉强回复又不合自己性格，难以持之以恒，这是第四个难以忍受的；五是自己不喜欢吊丧，人世间的礼节却以此为重，我已经因此而遭到人的怨恨，如果改变这一点，会违背自己的本心，不改变又会招致别人的责难，这是第五个不能忍受的事；六是自己不喜欢和俗人相处，但是做官之后却要和他们共事，有时候宾客满座，聒噪之声不绝于耳，为了一己之利，各种伎俩都使出来了，丑态百出，尽在眼前，这是第六件不堪忍受的事；七是自己本来性情就不耐烦，而公务烦琐，要务缠身，身心颇受烦扰，这是第七件无法忍受的事。

何谓“二不可”呢？一是自己常常“非汤、武而薄周、孔”，对于商汤、周武王、周公、孔子这些圣贤之人，多有非难鄙薄，这些不合时宜的言论一旦暴露出来，肯定会被礼教所不容，这是第一个不可做官的原因；二是自己性格刚烈，疾恶如仇，直言不讳，遇到看不惯的事就会发作，不能八面玲珑，随波逐流，这是第二个不适合做官的原因。

总之，嵇康在绝交书中把自己大贬一顿，嬉笑怒骂，说得各种不堪，为的就是坚决拒绝山涛的举荐。山涛收到这么一篇洋洋洒洒的绝交书，想必定会面有愧色吧。

那么，嵇康和山涛是不是就真的绝交了呢？要知道，嵇康临刑之前，自己的儿子年仅十岁，所托孤之人正是他要绝交的人——山涛，而且还对儿子说：“巨源在，汝不孤矣！”有山涛在，你不会成为孤儿的。若是真正的绝交，托孤之人怎么可能是山涛。所以不少人猜测，嵇康这封绝交书并不是真的要和山涛绝交，而是要借此向司马氏表明立场，告诉司马昭，自己绝不会做他的官。同时也通过这封信和山涛划清界限，避免他因为自己的拒绝而受到牵连。还有一种可能，托孤山涛是现实的选择，嵇康虽对山涛的权变不齿，但知道他对自己确有情谊。只是这封绝交书表明了嵇康的立场，也自然招致了司马昭的忌恨，为不久之后嵇康的被害埋下了伏笔。

与山涛绝交不久，嵇康再一次作出了绝交的抉择，这一次绝交的对象，就是好友吕安同父异母的哥哥吕巽。嵇康本来与吕巽交好，还通过吕巽结识了吕安，成为莫逆之交。然而就是这个吕巽，成为嵇康被害的重要推手。

世事变幻，人心叵测。吕巽表面上看起来为人君子，骨子里却心术不正。他见吕安的妻子徐氏生得年轻貌美，竟然趁吕安外出之际，把徐氏灌醉，将其诱奸。吕安得知后，很是气愤，把这件事告诉了好友嵇康，并表示要到官府起诉哥哥吕巽。嵇康为吕安不平，又觉得家丑不宜外扬，为了维护家庭声誉，劝吕安暂且隐忍不发，由他从中斡旋后再做处理。

嵇康找到吕巽，对他严厉斥责，要求他痛改前非，和弟弟友善相处。吕巽做贼心虚，为了不被告到官府，信誓旦旦地表示一定改过自新。本以为一桩家庭纠纷可以就此大事化小，小事化了，孰知吕巽竟然包藏祸心，出尔反尔，来了个恶人先告状，诬告吕安“不孝”，殴打母亲。当时司马昭标榜“以孝治天下”，不孝之罪非同小可，轻者流放，重者杀头。判官听信吕巽的一面之词，就这样，无辜获罪的吕安被判流放到边疆地区。

得知好友吕安被流放的消息，嵇康气愤不已。想到自己的好心竟然被吕巽利用，间接害了吕安，更是懊悔不堪。这样的无耻之徒，怎么可以继续交往？于是嵇康奋笔写了《与吕长悌绝交书》，短短三百字的短文中，对吕巽的所作所为进行了冷峻地揭露，并表示“从此绝矣”，断绝朋友关系。与山涛绝交不同，这一次是彻彻底底、完完全全的绝交。

吕安被判流放，为了证明清白，在为自己辩护时，自然想到了由嵇康出面为自己作证。而嵇康呢，吕安被诬陷本来就是因为自己当初的劝阻而造成的，即使吕安不说，也会义不容辞地为吕安辩护。岂知一波未平，一波又起，这一次连嵇康自己也卷入了案件之中，成为被控诉的对象。

案情之所以急剧恶化，是因为除了吕巽之外，还有另一个推波助澜的小人钟会。钟会是著名书法家钟繇之子，可谓是名门之后。他写得一手好书法，可是论起人品，就不如父亲钟繇了。司马氏掌权以来，钟会倾心依附，甚得司马氏宠爱，以至于朝廷大事无不插手。对于那些不肯顺从司马氏的士人，钟会总是三番五次地加以陷害。他曾经多次打探阮籍对时事的看法，想以此罗织阮籍的罪名。好在阮籍早已有所防备，每次都以醉酒蒙混过关。而这一次，钟会的视线转移到了嵇康身上。

善于揣摩司马昭心思的钟会知道，性情耿直而又不愿与司马氏集团合作的嵇康，早已在司马昭那里列入了黑名单。前不久的那封《与山巨源绝交书》表面上虽是与好友绝交，骨子里却是表明对司马氏的不屈从，更让司马昭对嵇康怀恨在心。如今，嵇康为了搭救好友吕安前来辩护作证，何不在吕安案件上做做文章，就此将两人除掉？在钟会看来，这实在是个千载难逢的机会。

钟会为何定要置嵇康于死地呢？这除了钟会喜欢谗害士人、搬弄是非外，更因为钟会与嵇康很早之前就有过间隙，并怀恨在心。大概在嘉平五年（253），喜欢附庸风雅的钟会听说了嵇康的名声，就主动去嵇康洛阳的家中拜访。到嵇康家的时候，嵇康正和向秀在自家门前的大柳树下锻铁。两人一个手持铁锤打铁，一个鼓动风箱，配合得好不默契。看到钟会到来，估计是不满于钟会好搬弄是非的性格，嵇康并不搭理，好像没看见一般，继续叮叮哐哐地拿着铁锤打铁。钟会本是个贵家子弟，又有些才华，深得司马氏宠爱，和他结交的士人不少。如今他特地跑来拜访嵇康，却受到这番冷遇，心中的滋味可想而知。钟会在旁边站了一会儿，自知没趣，便转身离去。

就在转身离开的时候，一直默默不语的嵇康突然发话了，问道："何所闻而来，何所见而去？"(《晋书·嵇康传》）你是为了想听到什么才过来的，又看到了什么离开？听到嵇康这冷冰冰的问话，钟会也冷冰冰地回答道："闻所闻而来，见所见而去。"听到了自己想听的，看到了自己想看的。说罢，愤愤而去。因为这次冷遇，钟会从此对嵇康耿耿于怀。

现在，报复的机会来了，钟会凭着他的三寸不烂之舌，在司马昭面前大肆煽动。欲加之罪，何患无辞？为了惩治嵇康，钟会对司马昭言辞恳切地说道："嵇康可是个卧龙啊，千万不能让他有出头之日。您现在几乎可以坐享天下，只有嵇康才是当务之急、心腹之患啊。"不用说，听到此话的司马昭自然心中一惊，对于他来说，任何有可能威胁他篡权的人，都只有一个命运，就是欲除之而后快。"卧龙"这个理由毕竟有些虚晃，为了坚定司马昭除掉嵇康的决心，钟会又继续说道："当年毌丘俭在淮南叛乱，嵇康曾经想要起兵援助，因为山涛的劝阻才没有成功。”嵇康竟然有谋反前科，司马昭听得此话，大吃一惊，对嵇康也更加忌恨。钟会瞧见司马昭面有怒色，心中暗自欢喜，接着又忧心忡忡地说：“嵇康、吕安这些人啊，一向言论放肆，毫无顾忌，诽谤圣典，诋毁国策。像这样的行为，历代做帝王的都不会容忍。一定要将这些离经叛道的人除掉，才能够净化风俗，使天下太平。”

司马昭当下听从钟会的意见，把嵇康、吕安判了杀无赦。嵇康当年是否真的参与过毌丘俭叛乱，是钟会栽赃诬陷，还是确有其事，都已不得而知。总之，嵇康、吕安这对无辜的好友，因为吕巽、钟会的陷害，走向了生命的终点。

嵇康、吕安的冤案很快传播开来，在士人们中间引起了极大的轰动。嵇康被捕入狱后，几千名太学生为嵇康打抱不平，公开请愿，一些豪杰俊士甚至陪着嵇康一同入狱。这样声势浩大的声援活动，在中国古代历史上恐怕是绝无仅有的。而这强大的声援活动，更让司马昭心惊胆战，拥有如此广泛的社会影响力，嵇康岂能继续存活下去。

临刑的日子到了。这一天，东市刑场人山人海。三千太学生依然不肯罢休，高喊着口号，要求释放嵇康。这一切对于凶残的司马昭而言，自然是无效的。死刑继续执行，所有人都目不转睛地注视着刑场上的嵇康、吕安，只见两人神情自若，毫不畏惧。就要行刑了，嵇康回头看了看太阳下自己的影子，从哥哥嵇喜那里接过古琴，手指从琴面上划过，一曲《广陵散》从琴弦上酣畅淋漓地流淌开来。时而低回，时而激越，时而悠缓，时而悲壮，刑场寂静无声。一曲终了，嵇康悲慨地说道："我平日里过于珍视这首曲子，不肯传授他人，从此以后，广陵绝矣。"嵇康走了，从此他的名字和《广陵散》永远连在了一起。

好友嵇康临刑的时候，不知阮籍有没有去刑场送嵇康最后一程。也许他早早就来到刑场，在簇拥喧嚣的人群中静静等待嵇康的到来。当《广陵散》在刑场飘荡的时候，同样精通音乐的阮籍一定能听出嵇康临刑前那无言的心声，是那么的悲愤幽怨。他默默地看着嵇康，似乎要把这每一秒都定格成永恒。又或许，目睹了太多血腥杀戮的阮籍实在不忍亲眼看到嵇康殒命于屠刀之下，于是一个人躲在屋子的角落里，闷闷地喝着苦酒，边饮边哭，心如刀绞。行刑的时间过了，阮籍颤巍巍地举起一杯酒，朝着嵇康临刑的方向，缓缓将酒洒落在地上，祭奠这个刚刚殒命的好友。别了，嵇康，若有来世，愿你不再生此恶世、遭此不白之冤。

悲剧就是把有价值的东西撕毁给人看。嵇康，这样一个才华横溢、气度非凡的士人，就因为不肯与司马氏集团合作而遭此灭顶之灾。眼睁睁地看着嵇康走向生命的终点，作为知己好友，自己却无能为力，这种悲剧对阮籍来说，无疑是太沉重、太沉重了。那曾经对酒酣饮的日子，那曾经挥弦高歌的岁月，那曾经高谈阔论的时光，都随着那无情落下的屠刀灰飞烟灭，随风飘散了。对阮籍而言，嵇康的不幸遇难就如同凤凰的陨落一般，让人悲慨心伤。

咏怀（其七十九）

林中有奇鸟，自言是凤凰。
清朝饮醴泉，日夕栖山冈。
高鸣彻九州，延颈望八荒。
适逢商风起，羽翼自摧藏。
一去昆仑西，何时复回翔。
但恨处非位，怆恨使心伤。

醴泉：甘美的泉水。

商风：秋风。

摧藏：收敛，隐藏。

怆悢：悲伤惆怅。

大意是：树林中有一只珍奇的鸟，艳丽的羽毛，清亮的鸣叫，显得那么与众不同，它说自己就是祥瑞的凤凰。这只凤凰不仅外表夺目，而且有着高洁的志向。清晨，初升的太阳照耀着大地，万物都被镀上了一层温暖的霞光，一湾清泉在晨光中泛着柔美的波澜，一切都那么恬静美好。凤凰沐浴在朝阳之下，细细啜饮着这甘美的泉水，不时抬头眺望，品味这清晨的静好。它引吭高鸣，声音明亮而清透，响彻九州大地；它伸长脖颈远望，可以直到海外八荒。太阳落山了，喧闹的大地又恢复了宁静，凤凰张开阔大的翅膀，展翅高飞，来到高高的山冈上，在此栖息。然而，这恬静的生活很快打破了。凛冽的秋风突然凶猛咆哮地刮过来，凤凰的五彩毛羽只能收藏起来。大自然的凶残使它心伤，凤凰只好依依不舍地告别人间，飞向高远的昆仑仙境。

阮籍的诗常常写得比较晦涩难明，这首诗除了表面慨叹凤凰被摧残的遭际外，似乎还另有所指。我们知道，凤凰立身高洁、超凡脱俗，在古代常常被视为美好事物的象征。那么，这里的凤凰指的是谁呢？这就是遭遇不幸的嵇康。嵇康常以凤凰来自比，而当时人也常常慨叹嵇康有龙凤的气质，赞许他是“龙章凤姿”，用凤凰来比嵇康，自然是再合适不过了。凤凰饮甘泉、栖高冈，立身高洁，嵇康又何尝不是如此？在黑暗纷乱的时代，嵇康坚持不随波逐流，坚持不在司马氏手下任官，明知这样可能招致司马氏的怨恨和迫害，也依然毫不动摇。可惜，这种近似固执的立身高洁，终究给自己带来了灾难。秋风暴起，凤凰收羽，不得不飞向昆仑仙境，而嵇康也为此付出了生命的代价。在古代，昆仑也被视为成仙之所，当时传说好服食养生的嵇康被杀后，尸解成仙。诗中的昆仑之语，就是暗喻嵇康的被害。

“一去昆仑西，何时复回翔。”凤凰远去昆仑，再也不会回到曾经生活过的人间了。嵇康又何尝不是如此？即使尸解成仙，那个性格耿直、立志高洁的嵇康也回不来了。在这个黑白颠倒、是非不分的时代，嵇康这只珍奇的凤凰终究得不到应有的居处，“怆恨使心伤”，这怎能不叫人悲伤惆怅啊。

凤凰远去了，阮籍把自己对嵇康的悼念都融进了这被迫远去昆仑的凤凰中，那么低回缠绵，那么深沉隐蔽。是的，作为司马昭亲批的朝廷政治要犯，任何对嵇康的同情或怜悯，都可能被司马昭视为敌对行为。作为嵇康的知己好友，面对政治高压，阮籍只好把不尽的悲痛寄托在这珍奇而又不幸的凤凰中。

抑郁而终

嵇康被害对士人的打击无疑是巨大的。尽管几千太学生多次请愿，尽管一些士人甚至陪同入狱，这些都无法改变嵇康命丧刑场的最终命运。在暴政面前，不管你是谁，不管你多么富有才华，也不管你有多大的社会影响力，只要你固执地站在了当权者的对立面，那么等待你的结果就只有一个，“逆我者亡”。嵇康便是这样一个活生生的例子，对于那些同嵇康一样不肯与司马昭合作的士人而言，不由地心惊胆寒，或慷慨而死，或卑微而生，每一个被阴影笼罩的人都不得不重新作出自己的选择。

就在嵇康被害不久，向秀所生活的河内郡推荐他到洛阳接受朝廷的任命。向秀生性淡泊，无心仕途，若是在以前，向秀肯定会断然回绝。然而，这一次不同了，嵇康刚刚被害，稍微懂点朝政的人都看得出，嵇康被害哪里是因为什么谋反之罪、言论放荡，实在是因为他与司马昭的不合作态度。向秀当然可以像以前一样拒绝，但是，嵇康的悲剧不得不逼着他重新做一番考虑。

向秀屈从了，尽管心有不甘，尽管心怀悲怨，为了自己卑微的性命，向秀还是不得已接受了河内郡的举荐。他一路向西，途中经过嵇康在山阳的故居。故居尚在，而斯人已逝，邻家传来凄美哀怨的笛声，仿佛是悼念这位刚刚逝去的故人。想到和嵇康、吕安一起锻铁、灌园的日子，向秀不禁悲从中来，写下了那篇感人至深的《思旧赋》。向秀对故友的思念就像翻涌的潮水一般，一浪接着一浪，然而《思旧赋》只有寥寥几行。鲁迅先生曾经疑惑为何“刚开头却又煞了尾”，直到后来亲眼目睹青年的鲜血层层地淤积起来，才终于明白了向秀的悲怨与苦衷，这真是时代的悲剧。

到了洛阳，向秀见到了司马昭。对于眼前这个以前一直不肯做官的向秀，司马昭刁难地问道：“闻君有箕山之志，何以在此?”箕山是古代隐者许由、巢父隐居的地方，箕山之志就是隐居之志，听说你有归隐的志向，怎么又站在这里了呢？这就是司马昭，他明知道向秀是被逼无奈，还故意刁难，那种高高在上、盛气凌人的口气，让人不寒而栗。空气骤然凝固了，好在向秀机智，顺着司马昭的话说道：“巢、许狷介之士，不足多慕。”巢父、许由都是固执狂傲的人，不值得仰慕与效法。司马昭明知向秀之言并非出于真心，听后还是十分开心，至少表面上向秀已经顺从他了。就这样向秀踏上了仕途，和阮籍一样，他的入仕也是明哲保身的无奈之举，这其中的辛酸凄苦，恐怕远非那些趋炎附势的小人所能了解。

同向秀一样，嵇康被害以后，阮籍也是深感不安。虽然之前司马氏也曾大肆残杀士人，这些人毕竟与阮籍关系疏远，如今被害的是知己嵇康，是曾经把酒言欢、弹琴相和的嵇康，这种畏惧担忧就来得格外鲜明强烈。司马昭不顾天下人的舆论压力，就凭着钟会几句莫须有之言，便断然把嵇康判处死刑，这分明是对天下士人的警告和恐吓。阮籍性格谨慎小心，与司马昭若即若离，司马昭对待阮籍比对待嵇康要宽容得多。不过，这种宽容是建立在阮籍没有违背大的政治方向这一前提之下的，一旦他稍有不慎遭到钟会等人的诬陷，而司马昭又听信谗言，阮籍的命运可想而知。

这种进退两难、如履薄冰的处境，压得阮籍喘不过气来，对于他而言，哪天的日子不是挨着度过的？度日如年，精神憔悴，他就像风中的一只残烛，光亮越来越微弱，越来越昏沉，随时可能灰飞烟灭。

咏怀（其三十四）

一日复一朝，一昏复一晨。
容色改平常，精神自飘沦。
临觞多哀楚，思我故时人。
对酒不能言，凄怆怀酸辛。
愿耕东皋阳，谁与守其真。
愁苦在一时，高行伤微身。
曲直何所为？龙蛇为我邻。

飘沦：颓丧低沉。

阳：山南为阳，山北为阴；水北为阳，水南为阴。这里指水田的北面。

龙蛇：动物名，能屈能伸，通过蛰伏以保全自身。

其大意是：太阳升起，一天开始了；月亮升起，一夜开始了。日升月落，日落月升，日夜就在这一起一落之间循环往复。人在快乐的时候，会觉得时间过得飞快，不知不觉一天很快就过去了。而在痛苦的时候，就会觉得时间过得十分缓慢，一分一秒都变得十分难挨，度日如年。后者正是阮籍的时间感受，每一天都过得这样艰难痛苦。是啊，他怎能不痛苦呢？身处随时可能丧命的时代，每一个明天对阮籍来说，都充满了不确定性。这种担忧畏惧消耗着阮籍本已虚弱的身躯，容颜憔悴了，精神颓丧了，他早已不再是曾经那个“容貌瑰杰，志气宏放”(《晋书·阮籍传》）的阮籍了。

曾经无数次，阮籍都在美酒中麻痹自己，来逃避这个纷乱的世界。然而，现在阮籍在酒中也无处可逃了。对着面前醇香的美酒，和好友们把酒言欢的日子如在眼前，如今却只剩下阮籍孤零零一个人。“思我故时人”，若是远在他方的故人还好，而像嵇康这样已经死别的故人，斯人已逝，今人残存，更是徒增伤感。阮籍还能说什么呢？他早已无话可说，只有满腹的辛酸和哀苦，满怀的凄怆和悲凉。

阮籍何尝不想在这黑暗的时代洁身自好？何尝不想远离政治的漩涡隐身而终？在东皋做一介布衣，躬耕而食，遗忘世事，这是阮籍多年的梦想。只是在司马氏掌权的时代，就连这样微不足道的愿望也不可能实现。“高行伤微身”，嵇康不就是因为立身高洁而遭到了司马昭的杀害么？在暴政面前，想要洁身自好无异于以卵击石。这个世界早已黑白不分，是非不辨。既然如此，又何必那么执著于事情的对错呢？“龙蛇为我邻”，倒不如学学龙蛇，能屈能伸，随时俯仰，苟全自身吧。

嵇康遇害某种程度上标志着一个时代的结束，从此以后，再也没有敢同司马氏集团抗争、叫板的势力和人物了。司马昭想要夺取天下，几乎可以说是如入无人之地，所差的只是如何包装自己这个即将取代曹魏的凶残面目了。

在古代，弑君是一个很严重的罪行，篡权者虽然觊觎天下，对于这一恶名还是心有所忌的。为了在夺权的同时不留下恶名，最好的办法便是逼迫皇帝禅让。当年曹丕就是通过逼迫汉献帝禅让而登上帝位的，如今，司马昭也来了个如法炮制。

景元四年（263），征伐蜀国的战事连连告捷，迫于压力，傀儡皇帝曹奂下诏，再一次拜司马昭为相国，封为晋公，并加九锡之礼。同此前一样，司马昭也是假装谦虚，坚决不肯接受。不过，这一次的推辞跟以往有很大不同。经过司马氏父子多年处心积虑地经营，内诛朝臣，外平三淮，朝廷内外的敌对势力已经铲除殆尽，篡夺曹魏政权的条件基本成熟。对于这一形势的变化，司马昭当然是心知肚明。他表面上辞让，实际上是等着公卿大臣来劝进，三番五次之后再接受，好表明自己是迫于朝廷美意，不得已而为之。

事情当然正是如此，司马昭辞让之后，公卿大臣便纷纷来劝司马昭接受诏封。当然，劝进口说无凭，最好能写一篇劝进的文章，鼓吹鼓吹司马昭的功劳政绩。当时，主管朝廷礼仪的司空大臣名叫郑冲，所以劝进以及张罗撰写劝进文的事儿，就主要由郑冲来负责。

劝进的文章要写得含蓄得体，撰写的人选自然不能马虎。到底由谁来写呢？一遍思量之后，郑冲找到了阮籍。按理说，阮籍当时做的是步兵校尉，撰写劝进文这种事并不是他的分内职责，可最后竟然落到了他头上。也许郑冲深知阮籍文笔了得，肯定能圆满地完成任务，才执意要阮籍执笔；又或者是司马昭想借此机会考验一下阮籍，看他是不是真心归顺自己，所以暗示郑冲让阮籍执笔。总之，阮籍成了撰写劝进文的指定人选。

对于那些趋炎附势的大臣而言，这无疑是个表忠心、拍马屁的好机会。而对于阮籍而言，劝进文就像个烫手的芋头。如写了就相当于公开拥护司马昭，赞同他的篡权行为，这显然不是阮籍的真实态度，自己也会因此而玷污名声；如不写就是表明自己并不认同司马昭，嵇康的下场已经很好地说明了不顺从司马昭的后果。在生命的十字路口，阮籍将作出怎样的抉择呢？

确定人选后，郑冲立刻派人告知阮籍此事。这一天，阮籍正在袁准家作客，同往常一样，他又喝得伶仃大醉。信使好不容易打听到阮籍在袁准家，等赶到的时候，阮籍早已昏昏大睡。上次司马昭想为儿子向阮籍的女儿求婚时，阮籍也是一醉不醒，大醉六十多天，最终躲过一劫。如今，大概是听到了要给司马昭撰写劝进文的风声，阮籍就故伎重演，想以醉酒来逃避这个苦差事。

郑冲三番五次地派人来催，看到的都是一副醉态的阮籍。信使让阮籍撰写劝进文，阮籍迷迷糊糊地应付着，等信使一走，马上倒头昏睡。然而，这一次阮籍终究没能逃脱。郑冲已经快到司马昭的将军府了，而阮籍的劝进文还没有写出来，赶紧又派人去催，而且下了命令，一定要拿着劝进文回来。信使再一次来到袁准家，大家也顾不得那么多了，不管三七二十一，把阮籍扶起来，递上纸笔就让他撰文。阮籍知道这次逼得紧迫，若再推托下去，定会惹怒司马昭，后果不堪设想。如果不想因此丧命，就算有千万个不愿意，阮籍也得写出一篇救命的劝进文来。

醉醺醺地接过递上来的纸笔，对于阮籍而言，这轻轻的一张纸、一支笔，现在拿在手上却似有千斤重。他就着醉意，挥毫泼墨，文不加点，一气呵成，这就是那篇颇受争议的《为郑冲劝晋王笺》。

事实证明，郑冲选择由阮籍来撰写劝进文，果然是个明智的决定。阮籍这篇借着酒意写就的劝进文，言辞清壮，被当时人称为“神笔”。司马昭读后也是心花怒放、满心欢喜，借着这篇劝进文，半推半就地接受了皇帝的晋封。那么，阮籍在劝进文中是怎样劝说司马昭的呢？

我们知道，中国古代比较强调先例、惯例，尤其是在重大决策上，更是讲究有先例可循。现下，为了劝说司马昭，劝进文开篇就搬出了历代惯例，“圣王作制，百代同风，褒德赏功，有自来矣”。褒奖贤德、奖赏功臣，这些都是有由来的啊。

> 昔伊尹，有莘氏之媵臣耳，一佐成汤，遂荷阿衡之号；周公藉已成之势，据既安之业，光宅曲阜，奄有龟蒙；吕尚，磻溪之渔者，一朝指麾，乃封营丘。自是以来，功薄而赏厚者不可胜数，然贤哲之士犹以为美谈。

媵臣：古代随嫁的臣仆。

光宅：光大所居，谓建都。

奄有：拥有、占有。

其大意是：商朝时期的伊尹，本来只是有莘氏的随嫁仆人，后来辅佐商王成汤有功，官至“阿衡”，位列三公。周公旦是周武王的弟弟，武王去世后，辅佐年幼的成王，进一步巩固了周朝的统治，周公的封地曲阜因而得到光耀，还占据了龟山和蒙山。姜太公吕尚，最初只是磻溪水边钓鱼的一个老翁罢了，后来被西伯侯任命为太师，辅佐武王东伐，执掌大权指挥大军，成功灭商，吕尚因此被分封到齐国。从那以后，功劳浅薄而赏赐丰厚的人不可胜数，虽然如此，那些贤哲之士仍然看作是令人称道的好事。

言下之意，既然论功行赏是古往今来的惯例，司马昭接受诏封也就是顺理成章、无可厚非的事了。论功行赏自然得有“功”才行，要劝说司马昭接受诏封，当然得把司马昭的功德夸一夸。

> 况自先相国以来，世有明德，翼辅魏室，以绥天下，朝无阙政，民无谤言。前者明公西征灵州，北临沙漠，榆中以西，望风震服，羌戎东驰，回首内向；东诛叛逆，全军独克，禽阖闾之将，斩轻锐之卒，以万万计，威加南海，名慑三越。宇内康宁，苛慝不作，是以殊俗畏威，东夷献舞。故圣上览乃昔以来礼典旧章，开国光宅，显兹太原。

先相国：指司马懿。司马懿生前曾多次辞让相国之职，死后被追赠相国。

阖闾：春秋时吴王名，这里代指东吴孙氏政权。

苛慝：暴虐邪恶。

其大意是：从相国司马懿以来，司马氏世世都有才德兼备的人辅佐曹魏皇室，安定天下，朝中没有失误，百姓也没有怨言。您（司马昭）前几年西征灵州，榆中以西的各族官民听到风声就降服了，羌人、戎人也都归顺朝廷；后来又成功平定诸葛诞的叛乱，还擒获了前来救援的东吴大将，斩杀精锐士卒无数，可以说是军威远扬。海内康乐安定，暴虐邪恶不能兴风作浪，远方各族也表示顺服。

之前说明了论功行赏是自古以来的先例，现在又把司马昭的卓越功勋称颂了一番，劝进文总结说道，“明公宜承圣旨，受兹介福，允当天人”，所以司马昭您就不要再推辞，还是接受了皇帝的诏封吧，这个诏封您是受之无愧呀。

今大魏之德光于唐虞，明公盛勋超于桓文。然后临沧州而谢支伯，登箕山而揖许由，岂不盛乎！至公至平，谁与为邻！何必勤勤小让也哉？

大意是：如今大魏王朝的恩德比尧、舜还要光耀，司马昭您的功勋超过了齐桓公、晋文公。舜曾经亲临沧州，要把王位让给支伯；尧曾经登上箕山，要把天下让给许由：您若是能效仿他们，难道不是更为盛美么？总之呢，接受诏封这件事非常公允，谁还比您更有资格呀，您就不必再为此等小事苦苦推辞啦。

阮籍这篇劝进文写得有理有据，循循善诱，所写司马昭功勋也都是据实而言，没有夸大阿谀，难怪此文一出，时人以为“辞甚清壮”，目为“神笔”。另外，这篇劝进文虽然是劝说司马昭接受魏王的诏封，暗含之意却是劝喻司马昭不要篡权夺位。文中功劳显赫的伊尹、周公、吕尚，虽然位高权重，但一直安心辅佐王室，无不轨之心。阮籍将司马昭和他们相提并论，虽有歌功颂德之嫌，又何尝不是希望司马昭以前贤为榜样，忠心王室呢？文章结尾之处，又提到支伯、许由这两个古代著名隐士，其用意应该也是如此。从这点来看，阮籍这篇劝进文写得含混而又微妙，可谓是良苦用心。

景元四年（263）十月，在众多大臣的劝说之下，司马昭终于表示圣命难违，晋封晋公。现在，司马昭离晋国天下只有一步之遥。

这一步，阮籍没有看到，甚至司马昭自己也没有等到这一天。景元四年（263）的冬天，寒风萧瑟，孤鸟悲鸣，仿佛为即将终结的魏国唱着低沉的挽歌。经历了日日夜夜无尽的煎熬与挣扎，阮籍这支风中残烛终于燃尽了最后一丝烛光，走完了自己坎坷而苦闷的一生。两年后，也就是咸熙二年（265），司马昭病卒。不久，他的儿子司马炎逼迫魏元帝曹奂禅让，即位称帝，这就是西晋。延绵二三十年的魏晋易代之争由此终结。

阮籍去世距离他撰写劝进文仅一两个月的时间，这不得不让人将他的去世和劝进文联系起来。虽然是被逼无奈，虽然劝进文中暗含着劝喻司马昭不要代魏称帝，这篇劝进文还是给了阮籍巨大的心理压力。自己竟然为野心勃勃的司马昭、为好友嵇康的仇人写了劝进文。内心的煎熬、苦闷与自责无时无刻不在撕咬着阮籍本已虚弱的心灵。为了苟延性命，阮籍写了劝进文；而最终要了阮籍性命的，竟也是这篇劝进文。真可谓生也劝进文，死也劝进文。

命运给阮籍开了个大玩笑。他一生都在避免卷入曹魏和司马氏的政治旋涡中，最终还是没能逃脱，劝进文成为压倒阮籍的最后一根稻草。醉酒、狂啸、穷途痛哭、放浪形骸，这些都无法让阮籍得到解脱。也许，在这样一个黑白颠倒的世界，唯有彼岸才是最好的解脱。

因为劝进文，阮籍抑郁而终。也是因为劝进文，阮籍备受后人争议。虽然后人也看到阮籍作劝进文实属无奈，但阮籍的懦弱和妥协还是让他们难以接受。嵇康宁愿赴死也不与司马氏合作，而阮籍则为了苟存性命写了称颂司马昭的劝进文。阮籍、嵇康这对生前好友，死后却成为后人眼中的两个对立面。对那些看重气节的人而言，劝进文成为阮籍一生中永远抹不去的人格污点。宋代的叶梦得甚至说："（阮籍）后卒为公卿作《劝进表》，若论于嵇康，自应杖死。"（《避暑录话》卷一）应受刑杖而死，这是何等严酷尖锐的评价。阮籍身前已倍受煎熬，逝后又受人非议，这是阮籍的不幸，也是时代的不幸。

纵观阮籍的一生，是宏图难展的一生，是苦闷压抑的一生，也是放浪形骸的一生。同他的好友嵇康相比，阮籍没有那么性情耿直，也没有与司马氏划清界限的决断，他临终之前的那篇劝进文，更是备受后人的责难。然而这就是阮籍，一个真实的阮籍。并不是每个人面对生命的威胁，都有义无反顾的勇气，向秀不也在嵇康被害后出仕了么？如果我们能够理解阮籍内心的苦闷与矛盾，就能对阮籍性格中怯懦的一面多一份同情与宽容，少一份责备与批判。

或许，只有与阮籍有相似经历的人，才能体味出阮籍的苦闷与无奈吧。一两百年之后，南朝一个名叫颜延之的诗人因为不苟合当朝权贵，受到排挤，被命出任永嘉太守。颜延之到任后，写了《五君咏》，分别歌咏“竹林七贤”中的阮籍、嵇康、刘伶、阮咸和向秀。颜延之出任永嘉太守之前担任的是步兵校尉，而阮籍也曾任官步兵校尉，而且颜延之也是性情疏放，喜欢喝酒，大概因为这些，其《五君咏》的第一首便是歌咏阮籍。

> 阮公虽沦迹，识密鉴亦洞。
> 沉醉似埋照，寓词类托讽。
> 长啸若怀人，越礼自惊众。
> 物故不可论，途穷能无恸。

颜延之眼中的阮籍是怎样的形象呢？他虽然口不臧否人物，混迹于人世，可是他识鉴精密，对时事有着极其敏锐的洞察力。阮籍拒绝曹爽的征辟，隐居田间，不就足以说明他见微知著吗？阮籍喜欢饮酒，可是在颜延之看来，阮籍并非简单的嗜酒，他是为了借酒把自己的才识深藏起来。这一点从阮籍的《咏怀诗》就可以看出来，“寓词类托讽”，他把对时事、对人生的感慨都隐晦地写到了诗中。阮籍善于长啸，啸声清远响亮，长啸对阮籍而言，已经成为抒发情感的重要方式，“长啸若怀人”，那著名的苏门长啸，分明流露着对知己的渴望。放浪形骸，违俗越礼，这些怪异的举止更是在当时颇受人非议。“物故不可论”，世事本来是不可评论的，阮籍口不臧否人物，不是他对时事没有看法，实在是因为时事已经到了不可评论的地步啊。“穷途能无恸”，人生已无路可走，当阮籍走到道路尽头的时候，怎能不号啕大哭呢？

这就是颜延之眼中的阮籍。他混迹人世，沉湎于酒，超越礼法，看似惊世骇俗，背后却是无尽的悲愤、苦闷与无奈。这才是真实的阮籍，这才是完整的阮籍。

如果硬要用一首诗来总结阮籍的一生，颜延之的这首《五君咏·阮步兵》大概是再合适不过的了。能有颜延之这样一个隔世知己，阮籍也会感到欣慰吧？

浪花淘尽英雄，是非成败转头空。时光的长河奔流不息，如今我们再提起魏晋那一段风云变幻的历史，固然不可避免地要谈到曹魏、司马氏，但最让我们动容的却是阮籍、嵇康，还有他们的竹林之游。阮籍的懦弱与妥协让我们看到了人类脆弱无力的一面，而他的纵酒佯狂、放浪形骸，又让我们看到了人类最纯真任情的一面。时代的不幸造就了阮籍的不幸，而阮籍却把他的不幸吟成了一首低回幽怨、愤激狂傲的生命之歌。因为阮籍，魏晋这片遥远而黑暗的夜空变得不再沉闷寂寞。

图书在版编目（CIP）数据

奇才·阮籍 / 张宇光, 朱晋平主编 ; 刘芸著. -- 太原 : 山西教育出版社, 2017.7

ISBN 978-7-5440-8551-9

Ⅰ. ①奇… Ⅱ. ①张… ②朱… ③刘… Ⅲ. ①阮籍（210-263）—传记—通俗读物 Ⅳ. ①B235.95-49

中国版本图书馆CIP数据核字(2016)第135343号

奇才　**阮　籍**

刘　芸　著

出 版 人　雷俊林
策 划 人　孙　铁
责任编辑　任小明
排版统筹　许艳秋
装帧设计　小海馬·书装

出版发行　山西出版传媒集团·山西教育出版社
（太原市水西门街馒头巷7号　邮编　030002）
印　　装　山东临沂新华印刷物流集团有限责任公司
开　　本　889×1194　1/32
印　　张　7.375
字　　数　110千字
版　　次　2016年7月第1版　2017年7月第2次印刷
书　　号　ISBN 978-7-5440-8551-9
定　　价　32.90元

如发现印装质量问题，影响阅读，请与印刷厂联系调换。电话：0539-2925680